C·H·Beck

PAPERBACK

W0068560

Alexander Hagelüken

Schock-Zeiten

Wie Deutschland den
wirtschaftlichen Abstieg verhindert

C.H.Beck

Mit 12 Grafiken

Originalausgabe
© Verlag C.H.Beck oHG, München 2023
www.chbeck.de
Umschlaggestaltung: geviert.com, Christian Otto
Umschlagabbildung: © shutterstock
Satz: C.H.Beck.Media.Solutions, Nördlingen
Druck und Bindung: Pustet, Regensburg
Printed in Germany
ISBN 978 3 406 80773 2

myclimate

klimaneutral produziert
www.chbeck.de/nachhaltig

Inhalt

2020er Jahre, Schock-Zeiten

Selten war so viel Katastrophe. Und selten so unerwartet. Die Deutschen hatten ja eine goldene Dekade erlebt. Volle zehn Jahre lang boomte die Wirtschaft, stiegen die Einkommen, lief das Leben für viele Menschen friedlich dahin. Dann bricht 2020 die Corona-Pandemie aus und rafft weltweit sieben Millionen Menschen hin, 2500 Mal so viel, wie jährlich auf deutschen Straßen sterben. Ein Jahrhundert nach der Spanischen Grippe kommen vergessen geglaubte Ängste hoch. Soziale Kontakte bergen auf einmal tödliches Risiko. Die Wirtschaft torkelt von Lockdowns zu Lieferkettenausfällen, was Wohlstand vernichtet und die Inflation hochzutreiben beginnt.

Noch während die Deutschen den Corona-Schock hinter sich zu lassen suchen, überfällt Russland die Ukraine. Hunderttausende werden verletzt oder sterben. Der erste Flächenkrieg in Europa seit 1945 ist ein unfassbar trauriger Einschnitt in die Gegenwart. Auch in nicht betroffenen Nationen fragen sich die Menschen verängstigt: Kommt der Krieg auch in mein Land? Gleichzeitig deckt der Überfall schonungslos das Versagen auf, sich von Wladimir Putins Gas und Öl abhängig gemacht zu haben. 80 Jahre nach dem Zweiten Weltkrieg fragen sich Deutsche erstmals wieder, ob sie im Winter frieren werden. Die Energiepreise entfachen eine Hoch-Inflation von zeitweise zehn Prozent, die Millionen Bürgerinnen und Bürger finanziell bedrängt.

Corona-Schock, Kriegs-Schock, Inflations-Schock, Energie-Not: Es sind wahrhaft Schock-Zeiten.

Die 1920er Jahre waren in Deutschland eine Zeit, in der auf Weltkrieg und Spanische-Grippe-Pandemie eine Hyper-Inflation, wirtschaftlicher Abstieg und eine Weltwirtschaftskrise folgten, in der Adolf Hitler die junge Demokratie beseitigte.

Die 2020er Jahre umfassen bisher neben Krieg und Corona-Pan-

demie samt weltweiter Wirtschaftskrise eine Hoch-Inflation – und
wirtschaftlichen Abstieg, der an der Demokratie kratzt.

Natürlich waren Inflation, Krise und alles andere vor 100 Jahren
weitaus katastrophaler. Doch auch jetzt gibt es ernste ökonomische
Schäden. Nachdem die Wirtschaft in der 2010er-Boomdekade um
20 Prozent gewachsen war, stagniert sie in den Jahren seither.
Immer wieder hofften die Bürgerinnen und Bürger auf einen Aufschwung. Immer wieder wurde die Hoffnung enttäuscht, wegen
neuer Lockdowns, Lieferproblemen, Inflation, Energienot. Die realen Löhne, also abzüglich der Inflation, sind seit 2020 um fünf Prozent geschrumpft. In der Boom-Dekade davor stiegen sie um zwölf
Prozent. Diese lapidaren Prozentzahlen erzeugen riesige Wirkung.
Durchschnittsverdiener haben jährlich 4000 Euro Gehalt weniger,
als wenn der Boom angedauert hätte. Wegen der Hochinflation
nahm mindestens jeder siebte Bürger Schulden auf. Ersparnisse
von 30 000 Euro dezimiert die Teuerung wertmäßig auf 25 000 Euro.
Das sind heftige Verluste, die sich die wohlstandsverwöhnten Deutschen nicht gefallen lassen wollen. Ihre Enttäuschung wird dadurch
verstärkt, dass der Graben zwischen Arm und Reich zum Grand
Canyon geworden ist. Die 50 reichsten Haushalte besitzen zusammen mehr als die Hälfte der Bevölkerung, also als 40 Millionen
Menschen. Es breitet sich Misstrauen gegen etablierte Institutionen
und Parteien aus, das Rechtspopulisten und Wahrheitsverdreher
ausnutzen, um gegen die Demokratie zu agitieren.

So folgenreich die Schock-2020er-Jahre schon waren: Das ist nur
ein Teil der Probleme, die die Bundesrepublik hat. Mit diesem Buch
möchte ich eine tiefere Gesamtanalyse versuchen und dabei auf die
langfristigen Herausforderungen zuspitzen, statt seitenlang aufzuzählen, was in diesem Land zweifellos alles gut läuft. Das soll in
aller Bescheidenheit zu einer Debatte beitragen, wie die Republik
einer Spirale nach unten entgehen kann.

Während die neue Mischung aus existenziellen und materiellen
Ängsten noch bei den Menschen einsickert, wirken die Schocks fort
und produzieren weitere Schäden. Im Corona-Schock rissen die

nach dem Billigstprinzip konstruierten Lieferketten, so dass deutsche Fabriken auch künftig immer wieder stillstehen werden. Monatelange Schulschließungen rissen Bildungslücken, so dass Firmen Fähigkeiten und künftigen Arbeitnehmern Einkommen fehlen werden. Der Inflations-Schock infiziert virusartig Alltagsprodukte und saugt das Geld aus dem Portemonnaie. Der Energie-Schock treibt gut bezahlte Industrie-Jobs ins billigere Ausland. All diese Schocks laden den Bürger(inne)n für die 2020er Jahre einen Rucksack voll Blei auf.

Die Politik muss gegen die multiplen Schock-Folgen ansteuern, sonst steigt Deutschland wirtschaftlich ab. Dabei sollte man sich von Parallelen zu den 1920er Jahren nicht irre machen lassen. Die Bundesrepublik ist nicht Weimar. Die Demokratie ist durch Umfragerekorde der AfD unter Druck, aber sie ist gefestigt. Und während der damalige Reichskanzler Heinrich Brüning die Weltwirtschaftskrise durch Sparen verschlimmerte, verhüten die heutigen Politiker in den aktuellen Krisen durch Ausgaben Schlimmeres. In der Pandemie beschafften sie, wenn auch verzögert, ausreichend Impfstoff und verhinderten durch Kurzarbeit Massenarbeitslosigkeit. Nach dem russischen Überfall beschafften sie alternatives Gas und verhinderten durch Entlastungen zwar keine Nöte, aber doch den finanziellen Kollaps vieler Bürger:innen.

Nun jedoch müssen sie von der kurzfristigen Krisenabwehr auf die Abwehr langfristiger Krisenfolgen umschalten. Das ist schwieriger. Das kurzfristige Ersetzen von Putins Gas leuchtet jeder Wählerin und jedem Wähler ein. Keiner will frieren. Dauerhaft Staatsmilliarden zu investieren und Klagen gegen Windräder abzuschmettern leuchtet weniger ein. Doch genau das ist unverzichtbar. Nur erneuerbare Energien aus Wind, Sonne oder Wasserstoff vermeiden den nächsten Energieschock und das massenhafte Abwandern gut bezahlter Industriejobs. Sich dagegen von Gas aus Katar abhängig zu machen, um sich bei den Wählern anzubiedern, liefert das Land dem nächsten Autokraten aus und beschleunigt den Klimawandel, der den Planeten verwüstet.

Um den weiteren wirtschaftlichen Abstieg aufzuhalten, muss die Politik noch mehr Krisenfolgen stoppen: Zusammen mit Tarifpartnern und Europäischer Zentralbank verhindern, dass sich die Hoch-Inflation in Preisen und Köpfen festsetzt. Corona-Verlierer in den Schulen fördern, weil sich sonst Arbeitslosigkeit und Fachkräftemangel verschärfen. Mit den Firmen neue Lieferketten aufbauen und die Produktion essenzieller Medikamente oder Chips nach Deutschland zurückholen, um die Gesundheit der Bürger zu schützen und Fabriken am Laufen zu halten.

All das entschieden anzugehen, erfordert eine Menge Kraft und Mut. Die Ampel-Koalition geht einiges davon an. Doch ihre Streitigkeiten bei vielen Themen lassen einen zweifeln. Der wirtschaftliche Abstieg lässt sich jedoch nur aufhalten, wenn die Regierungspolitiker nicht gegeneinander intrigieren, sondern gemeinsam ideologische Barrieren wegräumen, die Deutschland lähmen. In die Energieversorgung eingreifen, statt sie marktliberal in Abhängigkeiten wie von Putin rutschen zu lassen. Massiv investieren, statt den Staat neoliberal kleinzusparen. Bildungslücken zentral schließen, statt sie dem kopflosen Nebeneinanderher der Bundesländer zu überlassen.

Wer der Politik schon solche Anstrengungen nicht zutraut, dem muss um Deutschland wahrhaft bange sein. Denn hinter den aktuellen Schocks bauen sich Herausforderungen auf, die in der öffentlichen Debatte noch zu wenig Raum einnehmen. Werden sie nicht bewältigt, steigt die Bundesrepublik definitiv wirtschaftlich ab. Das beginnt mit Alterung und Kinderarmut, die in den nächsten Jahren einen Doppelschock aus Personalmangel und Rentenlöchern erzeugen. Weil die geburtenstarken Jahrgänge in Ruhestand gehen, müssen immer weniger Beschäftigte immer mehr Rentner finanzieren. Und den Firmen fehlen bald Millionen Arbeitskräfte. Maßgeblich dadurch sinkt das Wirtschaftswachstum, was weniger Einkommen für genauso viele Bürger bedeutet. Vom jährlichen Wachstum von drei Prozent von 1950 bis 2022 lässt sich nur träumen. In nächster Zeit droht das Wachstum auf 0,4 Prozent pro Jahr zu schrumpfen.

Selbst wenn man das mit dem zuletzt geltenden langjährigen Durchschnitt von 1,3 Prozent vergleicht, ist das ein heftiger Abstieg. Über
eine Dekade fehlen 350 Milliarden Euro Wirtschaftsleistung – also
sehr viel Einkommen. Wer verzichtet? «Deutschland steht ein schwie-
riges Jahrzehnt bevor, das durch Verteilungskonflikte geprägt sein
wird», prognostiziert Stefan Kooths vom Institut für Weltwirtschaft.

Personalnot und Rentenlöcher sind nicht die einzige große Herausforderung. Noch gar nicht quantifizieren lässt sich, was es bedeutet, dass das deutsche Exportmodell wankt. Keine große Industrienation hängt auch nur annähernd so von Ausfuhren ab wie die
Bundesrepublik. Krisen und Krieg bremsen die Exporte. Geopolitische und geoökonomische Konflikte nehmen überall zu. China und
die USA expandieren aggressiv, schotten aber ihre eigenen Märkte
zunehmend ab. Und sie versuchen die Welt in Interessensphären
aufzuteilen wie einst im Kalten Krieg. Ein Export-Schock gefährdet
reihenweise überdurchschnittlich bezahlte Jobs in der Bundesrepublik: Elf Millionen Arbeitsplätze hängen vom Export ab, mehr als
jeder Vierte. Ihre Zahl stieg seit der Jahrtausendwende um satte
zwei Drittel. Deutschland ist neben China der große Gewinner der
Globalisierung. Nun könnte es zum größten Verlierer einer Deglobalisierung werden.

Dazu kommt, dass die deutsche Autoindustrie gerade die Elektro-
Ära an Tesla und die Chinesen verschenkt. Dass weitere Vorzeige-
industrien wie Chemie oder Maschinenbau unter Druck stehen.
Dass sich Deutschland bei Innovationen, Patenten und Investitionen abhängen lässt. Die großen Erfolgsgeschichten digitaler
Geschäftsmodelle, sie entstehen woanders. Die Schwergewichte im
US-Börsenindex S&P heißen Amazon, Apple oder Google. Im
deutschen Dax-Index finden sich überhaupt nur zwei IT-Werte, darunter der 50 Jahre alte SAP-Konzern. Die Probleme deutscher
Unternehmen drängen an die Oberfläche wie Müllsäcke, die in den
Fluss geworfen wurden: Viele halten an überholten Erfolgen wie
dem Verbrennungsmotor fest, scheuen digitale Geschäftsmodelle,
investieren zu wenig in ihre Mitarbeiter.

Und die Politik ist ihnen kein guter Partner, ja: Sie hat das Land vernachlässigt. Sie hat die Jahrhundertaufgabe des Klimaschutzes vor sich hergeschoben. Digitale Infrastruktur, Schulen und Verkehrswege sind in erbarmungswürdigem Zustand. Behörden sind mit bürokratischen Anforderungen so schnell, wie sie mit digitalen Leistungen langsam sind – wie die Gesundheitsämter, die dem tödlichen Corona-Virus hinterherfaxten. Und die Politiker haben während des Aufziehens internationaler Spannungen wie Kaninchen vor dem Schlangennest gesessen. Sie haben Potentaten wie Wladimir Putin und Xi Jinping zu ihrer Aggression ermutigt. Die meisten dieser Versäumnisse geschahen in der 16-jährigen Amtszeit von Kanzlerin Angela Merkel, einige reichen noch weiter zurück.

Das alles lädt dem auch nicht mehr so neuen Kanzler Olaf Scholz einen Rucksack voller Blei auf. Aber es hilft ja nichts: Um den wirtschaftlichen Abstieg zu verhindern, braucht Deutschland jetzt einen Neustart. Seine Unternehmen müssen in den Vorwärtsgang schalten. Und die aktuelle Regierung muss wie schon bei den Krisenfolgen politische Tabus schleifen, um den Wohlstand zu retten. In der Bundesrepublik haben banale Fortschrittshemmnisse einen Heiligenstatus erreicht, als seien sie schützenswerte Tabus. Hier sind einige der Stoppschilder, die den Weg in die Zukunft versperren:

Deutschland ist kein Einwanderungsland.
Männliche Beschäftigte sind wichtiger als weibliche.
Rentner sind wichtiger als junge Arbeitnehmer.
China darf man nicht kritisieren.
Diktatoren halten wir die andere Wange hin.
Der Staat hält sich aus der Wirtschaft raus.
Schulden sind böse.
Klimaschutz darf keinem wehtun.
Im Amt machen wir's schon immer so.
Reiche müssen noch viel reicher werden.

In diesem Buch will ich zeigen, wie Deutschland den wirtschaftlichen Abstieg aufhalten und seinen Wohlstand retten kann: Indem es diese Stoppschilder (und noch andere) demontiert – und stattdessen das Land durchgreifend reformiert. Von Einwanderung über Gleichberechtigung und Rente, Geopolitik und Klimaschutz, Investitionen und Innovationen bis zu Bildung und Digitalisierung. Und mit Umverteilung von Reich an den Rest, damit die Bürgerinnen und Bürger die nötige Mühe für all die Anstrengungen überhaupt auf sich nehmen.

Niemand sollte unterschätzen, was ein dauerhafter wirtschaftlicher Abstieg anrichten würde. «Ohne das Fortschrittsversprechen kann die moderne Gesellschaft bisher nicht existieren», schreibt der Soziologe Andreas Reckwitz. Der Fortschrittsimperativ treibe die westlichen Gesellschaften schon seit Industrialisierung und Französischer Revolution vor 200 Jahren voran, noch stärker seit dem Aufschwung nach dem Zweiten Weltkrieg, dem Ende des Kommunismus und der Globalisierung. Reckwitz spricht vom Vertrauen der Menschen, dass dieser Fortschritt zwangsläufig ein Besser und Mehr auch an Wohlstand erzeugt. Darum muss sich die Politik kümmern, um den Feinden der Demokratie möglichst wenig Raum zu geben.

Nun sollte Wohlstand künftig breiter als nur materiell verstanden werden. Es ist für die Deutschen essenziell, dass die Verteidigung gegen neue Aggressoren gestärkt wird, damit sie in Freiheit und Sicherheit leben können. Und zweifellos muss die Volkswirtschaft umweltschonender und ressourcensparender werden. Um den Klimawandel aufzuhalten, müssen die Bürger weniger fliegen und weniger Fleisch essen. Die Energie- und Klimawende ist eine zentrale Reform der nächsten Jahre. Wohlstand besteht dann auch darin, in einer klimaschonenden Republik zu leben, die nicht mehr die eigenen und fremden Lebensgewohnheiten zerstört.

Illusorisch aber sind Forderungen, sich überall einzuschränken und auf wirtschaftliches Wachstum zu verzichten. Für ein fröhliches Zurück in die 1980er Jahre gibt es in der Bundesrepublik wie überall im Westen absehbar keine Mehrheiten. Die Gesellschaft möchte sich nicht kollektiv aufs Lastenfahrrad beschränken. Der einzig realistische Weg besteht darin, Wachstum weiter vom Umweltverbrauch zu entkoppeln, aber in gewissem Umfang weiter zu wachsen – indem Deutschland reformiert wird. Wachstum liefert die nötigen unternehmerischen und staatlichen Einnahmen, um in die Zukunft zu investieren. Es liefert Einkommen, mit dem sich die Gesellschaft gerechter gestalten lässt. Für Millionen Bürger ist das Fortschrittsversprechen jedoch längst brüchig geworden. Wer zur ärmeren Hälfte der Bevölkerung gehört, besitzt im Schnitt nur rund 11000 Euro. Die Rede ist hier von 40 Millionen Menschen. Kinder bedeuten ein Armutsrisiko. Industrielle Arbeitsplätze sind durch mies bezahlte Servicetätigkeiten ersetzt worden. Niedriglohnjobs haben sich bis in die Mittelschicht verbreitet, die insgesamt geschrumpft ist. Der Landkreis Sonneberg, in dem erstmals in Deutschland ein Landrat der AfD gewählt worden ist, hat einen der höchsten Anteile von Mindestlohn-Beziehern in der Republik.

Stimmenhochs für Rechtspopulisten verursachen Schäden, schon bevor sie politische Ämter erlangen. Seit die AfD ab der Flüchtlingsbewegung 2015 im Aufwind ist, tönt aus Union und FDP Migrationskritik. Oppositionsführer Friedrich Merz warnt vor «Sozialtourismus», wenn ukrainische Frauen und Kinder vor Putins folternden Schergen flüchten. Er fordert das Ende des Grundrechts auf Asyl und bringt eine kommunale Zusammenarbeit mit der AfD ins Spiel. So ein Klima schreckt ausländische Fachkräfte ab, ohne die die Wirtschaft schrumpft. Sicher, der Aufschwung der Rechten hat mehrere Ursachen. Materieller Frust ist aber sicher einer davon.

Die Bundesbürger haben wie andere Menschen im Westen das Gefühl, in einer Art Dauerkrise zu leben. Und tatsächlich ballen sich die Bedrohungen, vergangene und künftige. Pandemie, Ukraine-Krieg, Inflation, Energienot, Klimawandel, geopolitische Hochspannung und Alterung – keine Generation der Nachkriegszeit hat so eine Krisenhäufung erlebt. Und dazu kommt das schleichende Erodieren der Grundlagen, die bisher den Wohlstand der Deutschen ausmachten. 2023 verzeichnet die Bundesrepublik als einzige große Industrienation kein Wachstum. Die Nation sollte sich gegen den wirtschaftlichen Abstieg stemmen, um ihren Wohlstand zu retten und die Demokratie zu stärken. Um den Menschen Sicherheit zu geben, Sorgen zu nehmen und eine Klimawende finanzieren zu können. Worin die Herausforderungen liegen und was sich tun lässt, möchte ich in den folgenden Kapiteln besprechen.

Woher die Hoch-Inflation kommt

Neomi Weiner hält eine Packung Nudeln vom Discounter hoch: Ein halbes Kilo kostet 90 Cent statt früher 39. Sie nimmt eine Tomatendose in die Hand: 69 Cent statt 29. Die Alleinerziehende geht im Speisekämmerchen durch, was sie für ein Abendessen mit sechs Kindern braucht: Zwei Packungen Nudeln und drei Dosen Tomaten. Die Mahlzeit ist mehr als doppelt so teuer geworden – und ziemlich einseitig. Gemüse oder Salat kommen meist nur auf den Tisch, wenn eine Bekannte Abgelaufenes aus Mülltonnen von Supermärkten vorbeibringt.

Für die siebenköpfige Familie ist auch Strom teuer geworden, Waschmittel, Miete. Die Preise sind in Deutschland so stark gestiegen wie seit Jahrzehnten nicht mehr. Neomis Kinder fragen oft, warum sie manche Produkte nicht mehr bekommen. Die Mutter versucht sie zu beruhigen. Anderen Kindern gehe es schlechter. Sie zeigt ihnen dann YouTube-Videos, von Hungernden in Afrika.

Als ihre Siebenjährige auf dem Spielplatz kollabierte, lebensbedrohlich am Herz erkrankt, musste die Mutter den Job im Altenheim aufgeben. Jetzt leben sie wieder von Hartz IV. Neomi hat vor zehn Tagen ihr letztes Geld für einen Großeinkauf ausgegeben. Sie blickt sorgenvoll. Bis Ende des Monats sind es noch zehn Tage.

Bei armen Menschen richtet Hoch-Inflation den größten Schaden an. Aber auch Familien mit mittlerem Verdienst erleben einen Teuerungs-Schock. Jeder vierte Arbeitnehmer verdient höchstens rund 2000 Euro im Monat. Das sind zehn Millionen Menschen. Je weniger jemand verdient und je größer die Familie, desto mehr vom Einkommen geht für Grundbedürfnisse wie Heizen und Essen drauf. Und die sind besonders teuer geworden. Familien leiden unter persönlichen Teuerungsraten von über zehn Prozent. Gutverdienende Singles, die mehr für Luxus oder Urlaub ausgeben, belasten die Preise am wenigsten. Die Hoch-Inflation verschärft die soziale Ungleichheit.

Während die Regierung die Bürgerinnen erst nach und nach entlastete, wurde es nicht nur bei Ärmeren knapp, sondern auch bei Millionen in der Mittelschicht. Kein Wunder, wenn sich Erdgas um 50 Prozent verteuert und Heizöl um 70 Prozent. Jeder siebte Bürger hat sein Konto überzogen oder einen teuren Dispokredit genommen. Die Teuerungswelle schockt eine Nation, die sich an stabile Preise gewöhnt hat. Als die Preise das letzte Mal so stark stiegen, war Neomi Weiner noch nicht geboren. Wenn eine Teuerungswelle das Geld entwertet, trifft das ein Volk besonders, bei dem das Sparen so hoch im Kurs steht wie bei den Deutschen. Was hart erarbeitet wurde, schrumpft einfach zusammen. Hoch-Inflation von sechs, sieben, acht Prozent reduziert den Wohlstand. Und sie ermöglicht Firmen, Preise übermäßig zu erhöhen und Kunden abzukassieren.

Die Hoch-Inflation legt gerade bei den Bundesbürgern Urängste frei. Andere Europäer sorgen sich weniger. Manchem Deutschen erscheint es als Omen, dass sich ausgerechnet jetzt die Monsterinflation von 1923 jährt, eine Zeit des Massenelends, der Demütigung und Ohnmacht. In einer Umfrage nennen zwei Drittel der Bundesbürger den Teuerungsturbo als ihre größte Angst, mit weitem Abstand sogar vor einem Krieg mit deutscher Beteiligung. Die Preissteigerungen ängstigen Junge wie Alte, Männer wie Frauen, Anhänger aller Parteien. Stehen die Deutschen vor einer dauerhaft hohen Inflation, oder sogar einer extremen wie 1923?

Um das zu beurteilen, muss man die Ursachen der Preissteigerungen analysieren. Und künftige Einflüsse. Dabei zeigt sich, dass durchaus Gefahren bestehen, dass sich die Teuerungswelle verfestigt – und Deutschland damit wirtschaftlich absteigt. Die jetzige Hoch-Inflation lässt sich jedoch bannen, wenn alle relevanten Akteure richtig handeln: die Bürger, die Unternehmen, die Regierung und die Europäische Zentralbank. Das ist nicht nur wirtschaftlich notwendig, sondern auch politisch wichtig: Seit die Inflation nach dem russischen Überfall auf die Ukraine rasant zu steigen begann, sind auch die Umfragewerte der AfD deutlich gestiegen.

Putinflation

Warum sind die Preise so hochgeschossen? «Das liegt vor allem an den Energie- und Lebensmittelschocks, die der russische Überfall auf die Ukraine auslöste», sagt Sebastian Dullien, Direktor des Instituts für Makroökonomie. «Der Inflations-Schub liegt an höheren Energiepreisen durch den Ukraine-Krieg, den keiner vorausgesehen hat», sagt Martin Werding von der Ruhr-Uni Bochum, der die Regierung als einer der fünf Wirtschaftsweisen berät. Ja, schon vor dem Krieg stiegen die Preise in Deutschland etwas stärker. Doch dies war noch kein Drama, sondern typisch für die Folgen eines Wirtschaftseinbruchs. In der Corona-Krise waren Geschäfte geschlossen, die Menschen kauften aus Sorge um den Job weniger, Firmen reduzierten ihre Produktion. Nach den Lockdowns gab es viel nachzuholen, die Nachfrage schwoll weltweit an – und traf auf eine reduzierte Produktion. Die Preise stiegen. Außerdem rissen im Corona-Chaos Lieferketten, Vorprodukte wie Chips fehlten, was die Fabriken lahmlegte. Doch das wurde langsam besser. Die führenden Konjunktur-Institute sagten für 2022 nur noch gut zwei Prozent Teuerung voraus. *Business as usual.*

Erst der russische Überfall auf die Ukraine hat alles verändert. Öl, dessen drittgrößter Produzent Russland ist, verteuerte sich um 40 Prozent. Als Wladimir Putin wegen der westlichen Sanktionen den Gashahn abdrehte, versiebenfachte sich der Preis. Auch Lebensmittel verteuerten sich infolge der russischen Aggression. Die Ukraine, einer der weltgrößten Getreideexporteure, konnte aus seinen blockierten Häfen nichts mehr liefern. In Deutschland wird dieses Getreide als Futtermittel verwendet. Der Ausfall trieb die Preise für Huhn, Eier, Hackfleisch. Auch aus Russland kam weniger Getreide. Weizenmehl kostete bald 50 Prozent mehr, Speiseöle 80 Prozent. Die Hoch-Inflation ist vor allem eine Folge des

russischen Aggressionskriegs. Sie ist *Putinflation*. Rechnet man
Energie und Nahrungsmittel heraus, stiegen die Preise nur halb so
stark. Und der Energieschock verteuerte auch Produkte, die viel
Energie brauchen, ob Pauschalreisen (+11 Prozent) oder Alufolie
(+27 Prozent). Das heißt: Wenn die Bundesrepublik die Konsequenzen des Aggressionskriegs in den Griff bekommt, kann sie
die Teuerung eindämmen. Dann bleibt die Hoch-Inflation eine
Ausnahme, die keinen dauerhaften wirtschaftlichen Abstieg verursacht.

Watschenmann EZB

In Deutschland haben viele jedoch statt Putin einen anderen Schul-
digen ausgemacht: Die Europäische Zentralbank (EZB). «Der Ukraine-Krieg ist nicht der entscheidende Grund für die hohe Inflation», argumentiert etwa Gunther Schnabl, der an der Uni Leipzig
das Institut für Wirtschaftspolitik leitet. «Die EZB hat den Nährbo-
den für die Inflation über einen längeren Zeitraum geschaffen. Spätestens seit 2003 ist die Geldmenge stärker gestiegen als die produ-
zierten Güter und Dienstleistungen.» Deshalb hätten sich zunächst
Immobilien verteuert und dann Verbraucherpreise, «getrieben von
einer starken Nachfrage, angeheizt von der Geldpolitik der EZB.»
Der Ukraine-Krieg habe dies lediglich verstärkt. Das bedeutet: Die
Hoch-Inflation könnte bleiben. Tatsächlich erwartet Schnabl in
Deutschland in den kommenden Jahren eine Teuerung von vier bis
sechs Prozent.

Die Schwäche dieser Argumentation ist, dass die EZB ihre expansive Geldpolitik bereits vor mehr als zehn Jahren begann – und
viele Kritiker schon damals hohe Inflation prophezeiten. «Ich er-
warte, dass wir in den nächsten Jahren Inflationsraten von um die
fünf Prozent bekommen», sagte 2012 der Wirtschaftsprofessor Roland Vaubel von der Uni Mannheim voraus. «Wir rechnen mit drei
bis vier Prozent Inflation über zehn Jahre», sagte Commerzbank-
Chefvolkswirt Jörg Krämer voraus. «Ich rechne für Deutschland in

den kommenden Jahren mit bis zu vier Prozent Inflation», erklärte der langjährige Bundesbanker Jürgen Stark.

Die Teuerung blieb allerdings flach wie ein Brett. Sie explodierte erst mit dem russischen Überfall auf die Ukraine zehn Jahre später, der den Gaspreis versiebenfachte. Reiner Zufall?

Putinflation

Inflationsraten in Deutschland in Prozent

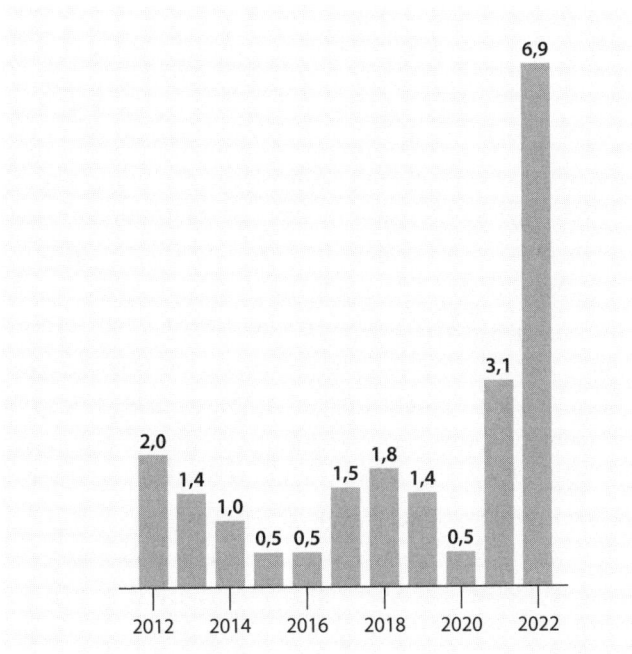

Quelle: Statistisches Bundesamt

Korrekt ist, dass die Europäische Zentralbank eine expansive Geld-politik betrieb. Sie reduzierte die Zinsen stark und kaufte Staats-anleihen. Das billige Geld hatte durchaus Folgen, die man im Auge behalten muss, etwa steigende Immobilienpreise in deutschen Städ-ten. Allerdings kann die EZB ihre Politik für 20 Euro-Nationen nicht nur an den Immobilienpreisen in deutschen Städten ausrichten. Den größeren Teil der 2010er Jahre war das billige Geld durchaus angemessen. Die Notenbank sprang als Retter ein, weil sich die Euro-Regierungen nicht einigen konnten, Staaten wie Italien, Spanien und Griechenland aus der Krise zu helfen. Von einer Währungsunion wie dem Euro profitieren exportstarke Nationen wie Deutschland am stärksten. In den Dekaden vor dem Euro passierte es deutschen Firmen dauernd, dass Italien die Lira gegenüber der Deutschen Mark abwertete. Und Frankreich den Franc. Deutsche Waren verteuerten sich in diesen Ländern drastisch. 1992 wertete Italien die Lira um die Hälfte ab. Der Autokonzern Audi verkaufte drastisch weniger Autos. 1992 waren es noch 48 000, drei Jahre später 35 000. Der Einbruch hielt bis zur Jahrtausendwende an.

Bis der Euro kam. Zehn Jahre später verkaufte Audi weit mehr als die Hälfte seiner Autos nach Westeuropa. Mit dem Euro kann niemand mehr eine nationale Währung abwerten. Exportstarke Nationen verkaufen mehr Waren an andere Nationen als vorher. Mit der Einführung des Euro verdoppelte sich die deutsche Exportquote auf heute fast 50 Prozent. Die Bundesrepublik hat bei weitem den höchsten Anteil von Exporten an der Wirtschaftsleistung: In Spanien beträgt er 35 Prozent, in Italien 33 Prozent, in Frankreich 29 Prozent.

Wer derart profitiert, muss ans Ganze denken, daran, dass die Währungsunion funktioniert. In der Krise hätten Italien und Co. Geldspritzen gebraucht, um die Konjunktur anzuregen. Stattdessen führte CDU-Kanzlerin Angela Merkel eine Gruppe von Regierungen an, die die Krise durch Sparvorgaben verschärfte. Der Euro drohte durch die Attacken von Spekulanten zu kollabieren. Bis EZB-Präsident Mario Draghi erklärte, er werde alles tun, um den Euro zu retten, *whatever it takes*. Draghis Einsatz zahlte sich aus: Der Euro brach nicht auseinander. Was alle Staaten getroffen hätte, ganz besonders aber Export-Europameister Deutschland, der Millionen Jobs verloren hätte. Trotz solcher unbestreitbaren Erfolge missfällt die EZB vielen Deutschen. Da schwingt das Misstrauen gegen den Euro mit, den viele Deutsche gar nicht wollten. Mario

Draghi war bewusst, wie sehr er unter Beobachtung stand. In seinem Büro über den Dächern Frankfurts zeigte er mir lächelnd die preußische Pickelhaube, die ihm *Bild*-Reporter aufgenötigt hatten, damit er den Euro-Sauhaufen all dieser Südländer diszipliniere.

In die Dauer-Kritik an der EZB stimmen auch Ökonomen ein, die politisch nach Rechtsaußen abgedriftet sind. «Ich glaube, dass die Inflation über fünf Prozent steigen wird», erklärte bereits 2010 Joachim Starbatty, der zuvor gegen den Euro geklagt hatte und später für die AfD im EU-Parlament saß. Der damalige Bundesbanker Thilo Sarrazin («Deutschland schafft sich ab») erklärte damals: «Wenn wir innerhalb der nächsten zehn Jahre keine starke Inflation bekommen, gebe ich mein Diplom als Bonner Volkswirt zurück und bin bereit, alles neu zu lernen.»

Die Inflation wollte in den 2010er Jahren durch die EZB einfach nicht so steigen, wie ihre Gegner vorhersagten. Auch für die aktuelle Inflation taugt sie nicht als Sündenbock. Das zeigt ein Blick in die Schweiz. Die dortige Notenbank hat durch expansive Politik ihre Bilanzsumme verdreifacht, genau wie die EZB. Nach der Logik der EZB-Kritiker müsste die Inflation auch dort explodiert sein. Reichlich spät, aber wenigstens jetzt. Doch das geschah nicht. Die Schweizer erlebten 2022 weniger als drei Prozent Inflation. Warum? Weil sie von den Folgen des russischen Überfalls weniger betroffen waren. Sie decken 90 Prozent ihres Strombedarfs aus Atom- und Wasserkraft. Und die Regierung senkte die Zölle auf ausländische Nahrungsmittel, so dass diese für die Bürger kaum teurer wurden.

Schuld an der deutschen Hoch-Inflation ist nicht die EZB, sondern vor allem der russische Angriffskrieg. «Maßgeblich verantwortlich für diese historisch hohe Inflation waren die extremen Preisanstiege bei Energie und Nahrungsmitteln infolge Lieferengpässen in der Produktion und des Kriegs in der Ukraine», stellt Ruth Brandt fest, die Chefin des Statistischen Bundesamts. Es ist keine EZBflation, sondern eine Putinflation. Dazu passt, dass die Teuerung zu bröckeln begann, als Energie wieder billiger wurde. «Wenn die EZB schuld ist, dürfte das nicht passieren», bemerkt

IMK-Direktor Sebastian Dullien. Deshalb gibt es Hoffnung, dass die Hoch-Inflation eine Ausnahme bleibt.

Mancher Bürger wird der positiven Entwicklung nach dem ersten Energieschock nicht trauen. Drohen die Energiepreise neuerlich außer Kontrolle zu geraten und die Inflation dauerhaft hoch zu halten? Natürlich sind in einer unsicher gewordenen Welt immer Extremereignisse möglich. Wenn Russland die Pipelines aus Norwegen sprengt, schießt der Gaspreis zumindest zeitweise nach oben. Und ein Krieg im Nahen Osten stört die Ölversorgung. Doch abseits solcher Extremereignisse rechnet Stefan Kooths nicht mit einem neuen Preisschock. «Öl ist absehbar kein Inflationstreiber», sagt der Vizepräsident des Kieler Instituts für Weltwirtschaft. «Und wir werden nicht noch mal sehen, dass der Gaspreis auf 350 Euro hochschießt.» Auch wenn Gas wieder ein Stück teurer wird, treibt das die Inflation nicht dauerhaft: «Wenn der Preis dauerhaft über 100 Euro steht, aber nicht deutlich steigt, erzeugt das keine Inflation. Um Inflation zu schaffen, muss der Preis jedes Jahr deutlich steigen.» Ein hoher Energiepreis tut weh, schafft aber keine Inflation, die ja eine *Steigerung* der Verbraucherpreise ist. Weil die Preise durch den russischen Angriffskrieg hochgetrieben wurden, kann die Hoch-Inflation eine Ausnahme bleiben. Das ist eine gute Nachricht für alle Bürger. Die Voraussetzung ist aber, dass Bürger, Firmen, Regierung und EZB gegen die Teuerung ankämpfen – und die Ausnahme nicht durch Fehler auf Dauer zementieren.

Dabei muss schnell gehandelt werden. Je länger eine Hoch-Inflation dauert, desto mehr setzt sie sich in den Köpfen fest. Das hat die Ökonomin Ulrike Malmendier von der Berkeley University erforscht. Nach starken Preissteigerungen tendierten Amerikaner dazu, auch für die folgenden Jahre eine Teuerungswelle anzunehmen. Sie schlossen beispielsweise die falschen Kreditverträge ab, was sie tausende Dollar kostete. «Wenn die Deutschen jetzt dauerhaft hohe Inflation erwarten, haben Eltern vielleicht große Sorge, finanziell nicht zurechtzukommen. Deshalb sparen sie Ausgaben für die Kinderbetreuung, und ein Elternteil bleibt daheim oder arbeitet

Teilzeit.» Kurzfristig spart die Familie Geld, langfristig verdient sie viel weniger. «Hohe Inflation kann zu falschen Entscheidungen führen, lange nachdem sie wieder gesunken ist», so Malmendier, die die Regierung als Wirtschaftsweise berät.

Erwarten Bürger und Firmen, dass die Preise sowieso immer weiter steigen, handeln sie entsprechend – und zementieren so die Preissteigerungen. Verbraucher ziehen Einkäufe vor, weil sie denken, dass diese Produkte später teurer werden. Firmen aber weiten die Produktion nicht aus, denn sie können ja später höhere Preise verlangen. Zusätzliche Nachfrage bei gleichem Angebot treibt die Preise dann wirklich hoch. Und es gibt noch weitere Effekte: Erwarten die Bürger immer höhere Preise, fordern sie ständig höhere Löhne, um ihr Einkommen zu erhalten. Durch höhere Löhne haben die Firmen höhere Kosten, die sie durch höhere Preise weitergeben, und immer so weiter. Die Inflation klebt an der Nation wie Hundescheiße am Schuh. Was müssen Bürger, Politik, Firmen und EZB tun, damit das nicht passiert?

Wie sich die Hoch-Inflation stoppen lässt

Der Beitrag der Bürger

Wie Löhne und Preise sich gegenseitig anheizen, hat die Bundesrepublik in der jüngeren Geschichte schon mal erlebt. In den 1970er Jahren kam die Nation aus einem historisch langen Wirtschaftswunder, das nach dem Zweiten Weltkrieg eingesetzt hatte. Fernreisen, eigenes Auto, Fernseher, die Menschen konnten sich auf einmal viel mehr leisten als ihre Eltern und Großeltern. Sie waren darauf eingestellt, dass es immer mehr werden würde. Dann kam es 1973 wie heute zu einem Energieschock, als arabische Staaten den Westen für die Unterstützung Israels im Jom-Kippur-Krieg bestraften. Sie vervielfachten den Ölpreis, der die Weltwirtschaft als billiger Schmierstoff angetrieben hatte. Die allgemeine Teuerung schoss hoch. An immer mehr Wohlstand gewöhnt, wollten die Arbeitnehmer keinesfalls kurzfristig weniger. Gewerkschaftschef Heinz Kluncker bewegte Hunderttausende Müllwerker und Busfahrer zum Streik. Am Flughafen stapelten sich die Koffer. Wütende Bürger kippten ihren Müll über Klunckers Gartenzaun. Den wuchtigen Arbeiterführer ließ das kalt. Er drückte bei zuvor sieben Prozent Inflation elf Prozent mehr Gehalt durch. Wenig später erstreikte die IG Metall zwölf Prozent mehr Lohn.

Es ist verständlich, dass Gewerkschaften bei einer Teuerungswelle mehr Gehalt fordern. Dafür sind sie da. Doch Lohnabschlüsse *über* der Inflationsrate fördern die Erwartung, dass die Preise sowieso immer weiter steigen. Es droht eine Spirale, in der sich Löhne und Preise gegenseitig hochschaukeln. Besonders verheerend wirkte das in Italien, wo die Löhne mit der *scala mobile* automatisch an die Preise gekoppelt wurden. Folge: Die Teuerung blieb in den gesamten 1970er Jahren hoch, die Lira verfiel. Die Italiener hatten Hundescheiße am Lederschuh. Was bedeutet das für heute? Ein

einmaliger Energieschock kann zu dauerhaft hoher Inflation führen, wenn es zu einer Lohn-Preis-Spirale kommt. Die Gewerkschaften sollten keine Lohnerhöhungen über der Inflationsrate durchsetzen, weil durch eine Spirale am Ende alle verlieren.

Die gute Nachricht ist, dass die Arbeitnehmer aktuell moderat
agieren. Sie haben ganz offensichtlich die Inflationsgefahren im
Blick. Die IG Metall und die IG Chemie haben für vier Millionen
Beschäftigte ordentliche Lohnerhöhungen durchgesetzt, die unter
der Inflationsrate bleiben. Auch der Öffentliche Dienst bleibt mit
elf Prozent im Rahmen, weil der Tarifvertrag volle zwei Jahre
läuft. Von einer Lohn-Preis-Spirale ist weit und breit nichts zu
sehen wie auch der Internationale Währungsfonds bestätigt.

Der Beitrag der Politik

Für vernünftige Lohnabschlüsse kann auch die Regierung etwas
tun. Damit ist nicht gemeint, in die vom Grundgesetz geschützte
Tarifautonomie einzugreifen. Auch deshalb hatten sich ja in den
1970er Jahren Arbeitnehmer und Politik verhakt. Als SPD-Bundeskanzler Willy Brandt Mäßigung anmahnte, sah Gewerkschaftschef
Kluncker ein Lohndiktat – und forderte schon deshalb viel, um
Eingriffe in die Tarifautonomie abzuwehren. Brandt stürzte Monate
später über einen DDR-Spion in seiner Umgebung, machte aber
Kluncker für seinen Rücktritt mitverantwortlich. Bundeskanzler
Scholz agiert anders als sein Parteifreund. Auch die aktuellen Tarif-
runden sind wegen der Hoch-Inflation schwierig wie selten, Gewerkschafter und Arbeitgeber bezeichnen sich gegenseitig als «un-
verschämt» oder «dumm». Statt nach Mäßigung zu rufen wie Willy
Brandt, stellt Olaf Scholz eine Inflationsprämie von 3000 Euro von
Steuern und Sozialabgaben frei. Anders als normale Lohnzahlun-
gen erhöht diese Prämie das Einkommen in voller Höhe, was gut
für die Arbeitnehmer ist. Weil sie nur einmalig gezahlt wird,
schraubt sie die Kosten der Firmen nur einmalig hoch – und wirkt
der Erwartung entgegen, dass die Preise sowieso immer weiter stei-

gen. Die Inflationsprämie kostet staatliches Geld, sichert aber den sozialen Frieden und bremst die Teuerungswelle.

Es besteht jedoch weiter die Gefahr, dass die Arbeitnehmer dauerhafte Inflation erwarten und falsche Entscheidungen treffen. Wie sollten sie nicht verunsichert sein, nachdem die Teuerung auf den höchsten Wert seit einem halben Jahrhundert stieg? Es ist die Aufgabe der Bundesregierung, dem entgegenzuwirken. Die Bundesregierung ließ sich mit einer wirksamen Entlastung von der Inflation aber erstmal Zeit – und sandte teils falsche Signale. Der von der FDP durchgedrückte Tankrabatt schenkte Gutverdienern mit dicken Autos am meisten Geld, also jener Gruppe, die am wenigsten unter der Teuerung leidet. Erst mit der Strom- und Gaspreisbremse nimmt die Regierung den Bürgern konsequent einen Großteil der Energiepreissteigerungen ab. Zwar fließt das Steuergeld auch an Villenbesitzer mit Pool. Entscheidend ist aber, dass die Politik endlich Panik und Inflationspessimismus entgegenwirkt. Timo Wollmershäuser vom Münchner Ifo-Institut rechnet vor, dass allein die Preisbremsen die Teuerung 2023 um zwei Prozentpunkte reduzieren dürften – 30 Prozent der Rekordteuerung des Jahres zuvor. Weshalb er bereits kurz nach dem Jahreswechsel die Wende ausrief: «Wir haben den Höhepunkt der Inflation hinter uns.» Auch Neomi Weiner spürt eine gewisse Verbesserung. Die Strompreisbremse kommt ihrer Familie zugute. Und die Bundesregierung hat die monatliche Unterstützung durch das neue Bürgergeld von 450 auf 500 Euro erhöht. Studien zeigen, dass die Bürger die Entlastung registrieren und ihre Teuerungserwartungen abnehmen. Das ist zentral dafür, die Hoch-Inflation wirklich zu bannen. Das heißt auch: Die Regierung muss wachsam bleiben. Sobald sich Finanznöte bei den Bürgern zeigen, sollte sie handeln und schneller entlasten, als sie das zu Beginn der Putinflation tat. Das ist entscheidend, um der Erwartung dauerhaft hoher Inflation entgegenzuwirken. Und zwar umso mehr, als sich die Teuerungswelle als sehr hartnäckig erweist. Die Regierung sollte besonders an Menschen mit wenig Geld denken, die die Inflation besonders trifft. Wie? Sie sollte das

Bürgergeld weiter erhöhen. Und den Mindestlohn bald auf 14 Euro anheben. Gerade nachdem die Arbeitgeber in der zuständigen Kommission eine Mini-Erhöhung um gerade mal 41 Cent pro Jahr durchgedrückt haben – angesichts der Teuerungswelle ein Schlag ins Gesicht der Geringverdiener. Ja, solche Entlastungen kosten Geld, doch wenn die Preise steigen, nimmt der Staat auch mehr Steuern ein. Und noch etwas sollte die Regierung tun: Entschieden in grüne Energie investieren, damit Preis-Schocks durch Öl, Gas und Co. möglichst bald der Vergangenheit angehören. Mehr dazu im nächsten Kapitel *Klimafreundlich aus dem Würgegriff.*

Der Beitrag der Firmen

Eine anhaltende Hoch-Inflation beschwören auch Unternehmen herauf, die Preissteigerungen zum Abkassieren nutzen. Ein drastisches Warnzeichen ist, dass die Inflation sich festbeißt, obwohl Energie und Essen wieder billiger geworden sind. Es lässt sich ja verstehen, wenn Firmen gestiegene Kosten weitergeben. Doch viele gehen darüber hinaus. «Unternehmen haben ihre Preise über ihre Kostensteigerungen hinaus erhöht», beobachtet der Ökonom Timo Wollmershäuser, «und somit ihre Gewinne.» Ob Supermärkte, Industrie, Landwirtschaft, Gastronomie oder Bau: Überall nahmen die Gewinne teils rasant zu. Marcel Fratzscher, Präsident des Deutschen Instituts für Wirtschaftsforschung, hat das ab Sommer 2022 verfolgt: «Firmen sagen sich: Jetzt ist der Zeitpunkt, meine Gewinnmargen zu erhöhen. Dann kann ich es auf die Inflation schieben. So wie in den Nullerjahren Preiserhöhungen auf die Einführung des Euro geschoben wurden, der nur dadurch zum Teuro wurde.» Aus der Putinflation wird eine Gierflation. «Wenn die Inflation rasch zurückgehen soll, müssen die Firmen ihre Gewinnspannen, die in den letzten zwei Jahren in die Höhe geschossen sind, sinken lassen», fordert Gita Gopinath, Vizechefin des Internationalen Währungsfonds.

Fachen Firmen auf diese Weise Inflationserwartungen an, schaden sie der ganzen Volkswirtschaft. Ob die Teuerungswelle zu stoppen ist, hängt auch davon ab, ob in deutschen Chefetagen Vernunft die Oberhand gewinnt – oder schamlose Profitmaximierung. Rechtlich ist Gierflation schwer zu stoppen, außer Firmen sprechen ihre Preise ab. Der Wettbewerbsbehörde fehlen offenbar die nötigen Instrumente – Zeit für politische Korrekturen. Ja, die Verbraucher können reagieren, indem sie Anbieter ignorieren, die offensichtlich zu viel verlangen. Klar ist aber: Jeder geht täglich mit so vielen Preisen um, dass er oft weder die nötigen Informationen noch die Nerven besitzt, Preistreiber abzustrafen.

Der Beitrag der EZB

Wenn sich die Teuerung durch Gewinninflation verfestigt, ist das ein Fall für die Nummer Vier auf der Liste entscheidender Akteure nach Bürgern, Politik und Firmen: Die Europäische Zentralbank. Ihr kommt eine zentrale Rolle im Kampf gegen Hoch-Inflation zu. Wie schlägt sich die EZB angesichts dieser Mega-Aufgabe? Man kann ihr vorwerfen, dass sie spät reagiert hat. Als sich die Teuerung 2021 durch Corona-Nachwirkungen wie internationale Lieferprobleme aufbaute, war von den Eurobankern in Frankfurt wenig zu hören. Und nachdem Wladimir Putin die Ukraine überfallen hatte und die Teuerung hochgeschossen war, erhöhte die EZB die Leitzinsen erst Monate später das erste Mal. Ab dann aber hat sie das Geld historisch außergewöhnlich verteuert. Höhere Zinsen machen per Kredit finanzierte Investitionen für Firmen unattraktiver. Bürger kaufen seltener ein Auto oder eine Wohnung auf Pump. Das alles senkt die Nachfrage und damit tendenziell die Preise – und die Inflationserwartungen.

Es ist verkehrt zu glauben, die EZB hätte die Hoch-Inflation an sich durch frühere Zinserhöhungen verhindern können. Kein russischer Diktator und kein arabischer Scheich senkt den Öl- und Gaspreis, weil die Notenbanker sich auf die Hinterbeine stellen. Warum sollte er? Um die Hoch-Inflation trotzdem zu unterbinden, hätte es nur einen Weg gegeben: Die Wirtschaft durch Riesenzinsen völlig abzuwürgen, um die Preise der übrigen Produkte in den Keller zu schicken. Dadurch wäre die Wirtschaft geschrumpft, und uns wären massenhaft Jobs verlorengegangen.

Deutsche EZB-Kritiker suggerieren gerne, die Notenbank müsse nur immer die Zinsen hochhalten, dann sei alles in Ordnung. Doch das Zinsinstrument bremst eben auch die Wirtschaft und kostet dadurch Wachstum und Wohlstand. Dabei die richtige Balance zu finden, ist die Kunst der Geldpolitik. Es gibt keinen Grund anzunehmen, dass die EZB-Banker diese nicht beherrschen. Sie haben beim Ausbruch der Pandemie 2020 schnell billiges Geld zur Verfügung gestellt, wodurch aus der Corona-Krise keine schlimmere Wirtschafts-Krise wurde. Und sie haben seit der Euro-Einführung 1999 bis zum Ukraine-Krieg die Preise niedrig gehalten. Und zwar niedriger, als es der von den Deutschen so verehrten Bundesbank zu D-Mark-Zeiten von 1948 bis 1998 gelang.

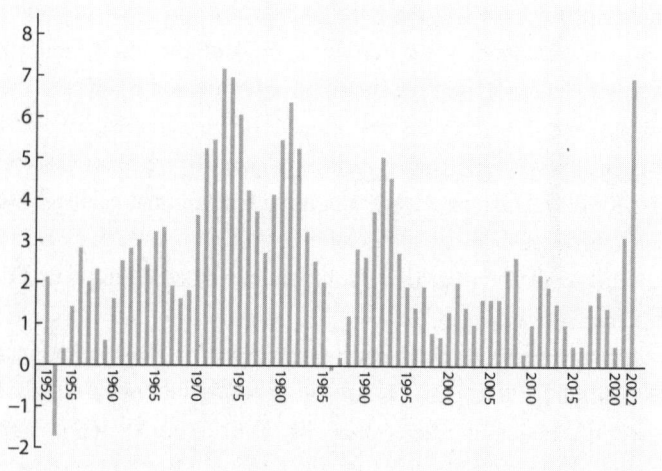

Inflation zu Mark-Zeiten und Euro-Zeiten
Entwicklung Verbraucherpreise in Prozent in Deutschland,
bis 1992 Westdeutschland

Quelle: Statistisches Bundesamt

Moritz Schularick rät, der EZB auch diesmal zu vertrauen: «Die Zinserhöhungen wirken», urteilt der Präsident des Kieler Instituts für Weltwirtschaft. «Wir werden in den nächsten ein, zwei Jahren wieder auf zwei Prozent Inflation kommen.»

Damit die Hoch-Inflation gebannt wird und keinen Wohlstand mehr vernichtet, müssen Bürger, Regierung, Firmen und EZB zusammenspielen. Die Analyse zeigt, dass manches schon funktioniert, aber noch ernste Gefahren bleiben. Das Ganze ist machbar, wenn jetzt alle Akteure richtig handeln. Manche Forscher sehen das allerdings weit skeptischer – und erwarten weiter hohe Inflation durch Staatsausgaben, den demografischen Wandel oder die Rückkehr der Hyperinflation. Wie dramatisch sind diese Risiken einzuschätzen?

Kehrt die Hoch-Inflation zurück?
Risiko Staatsausgaben

EZB-Kritiker wie Gunther Schnabl sehen eine hausgemachte Inflation durch staatliche Ausgabenwut herannahen. Die Bundesregierung gebe sehr viel Geld aus, für Verteidigung, Klimaschutz und anderes. «Es gibt immer neue teure Punkte auf dem politischen Wunschzettel», klagt der Ökonom. «SPD und Grüne wollen mehr Ausgaben für Soziales und die ökologische Transformation.» Andere Nationen der Währungsunion seien ebenfalls zu spendabel. Schnabl beschreibt den Weg in ein Schuldenchaos. Er sagt für die Bundesrepublik ab 2024 vier bis sechs Prozent Teuerungsrate voraus. Die Hoch-Inflation würde nicht schwinden, sondern bleiben. «Die hohen Staatsausgaben von Deutschland und anderen Euro-Staaten setzen die EZB unter starken Druck, auch in Zukunft Staatsanleihen aufzukaufen.» So wandelten sich die staatlichen Schulden in Teuerung um, warnt Schnabl: «Aus historischer Sicht war hohe Inflation meist mit unkontrollierten Staatsausgaben verbunden.»

Von unkontrollierten Staatsausgaben und -schulden kann allerdings keine Rede sein. Um das zu sehen, genügt ein Blick auf die

Von wegen Schuldenlawine
Schulden des deutschen Staates in Relation zur Wirtschaftsleistung

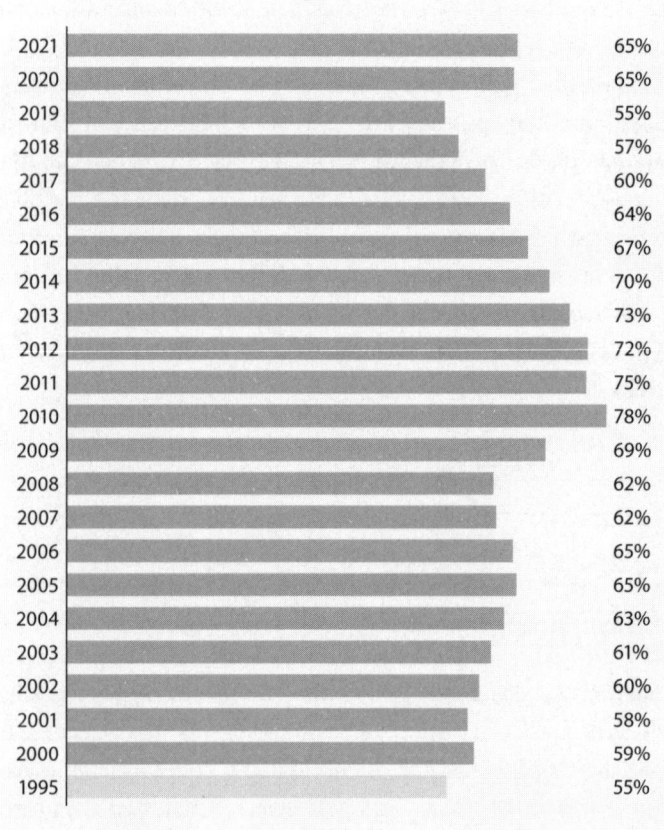

Jahr	Wert
2021	65%
2020	65%
2019	55%
2018	57%
2017	60%
2016	64%
2015	67%
2014	70%
2013	73%
2012	72%
2011	75%
2010	78%
2009	69%
2008	62%
2007	62%
2006	65%
2005	65%
2004	63%
2003	61%
2002	60%
2001	58%
2000	59%
1995	55%

Quelle: Bundesfinanzministerium, Statistisches Bundesamt

Schuldenquote, das Verhältnis der staatlichen Schulden zur Wirtschaftsleistung. Sie befindet sich im Vergleich der vergangenen
30 Jahre gerade keineswegs im Ausnahmezustand. Und die ähnlich
hohen Schuldenquoten der Vergangenheit haben offenbar nicht
zum Untergang geführt – oder auch nur zu hoher Inflation.

Um nach der Finanzkrise 2008 Massenarbeitslosigkeit zu verhindern, hielt die Bundesregierung mit Abwrackprämie und Kurzar-

beitergeld dagegen. Andere Regierungen handelten ebenso. Überall stiegen die Staatsschulden an. Einen Inflationsschub gab es nicht. Es folgten lange Jahre mit Teuerungsraten nahe null. Und heute? «Die Defizite der Euro-Staaten sind derzeit und absehbar im historischen Vergleich nicht übermäßig hoch», urteilt der Ökonom Sebastian Dullien. «Aus dieser Richtung würde ich keine Gefahr für Inflation sehen. Auch werden die Defizite nicht durch die Notenpresse finanziert, vielmehr stößt die EZB Staatsanleihen ab.» Wie übertrieben die Forderungen der EZB-Kritiker sind, zeigt sich an ihren Zins-Vorstellungen. Um die Inflation zu bekämpfen, müsse die Zentralbank ihre Leitzinsen bis Ende 2024 auf acht Prozent erhöhen, verlangte Gunther Schnabl schon vor einiger Zeit. Dabei lag der bisher höchste Zinssatz seit der Euro-Einführung 1999 unter fünf Prozent. In einem Vierteljahrhundert musste die EZB nie darüber hinausgehen. Um es anders zu sagen: Europas Bürger blieb die wirtschaftliche Katastrophe erspart, die acht Prozent Leitzins auslösen.

Kehrt die Hoch-Inflation zurück?
Risiko Demografie und Klimaschutz

Einige Ökonomen rufen seit kurzem ein neues Paradigma aus: Die Rückkehr der Inflation. Seit 30, 40 Jahren haben die Industriestaaten kaum Teuerung erlebt. Aber damit sei es nun vorbei. Zum einen altern und schrumpfen die Bevölkerungen. «Arbeitskräfte werden knapp», beschreibt Stefan Kooths, «es läuft auf höhere Löhne hinaus» – und damit womöglich auf insgesamt höhere Preise. Zum zweiten gilt für die Firmen nicht mehr nur möglichst billig, seit in der Corona-Krise plötzlich Lieferketten rissen. Sie suchen sich unterschiedliche Lieferanten, was zumindest zeitweise teurer wird. Außerdem verteuern die Regierungen für den Klimaschutz fossile Energien wie Gas oder Kohle durch CO_2-Preise. Neue Technologien wie Elektroauto-Batterien benötigen knappe Rohstoffe wie Lithium, was deren Preis treiben könnte.

Es ist jedoch keineswegs gesagt, dass Demografie und Klimaschutz tatsächlich zu Hoch-Inflation führen. Wenn die Industriestaaten ihre Personalknappheit durch Zuwanderung oder Roboter beheben, steigen die Löhne weniger. Japan, das schneller altert als alle übrigen Industrieländer, beobachtet keinen Lohndruck. Und bei erneuerbaren Energien sind die Kosten jeder zusätzlich erzeugten Einheit oft sehr niedrig, wodurch der Preisdruck abnimmt.

Außerdem wirken weiter die Faktoren, die in den vergangenen Dekaden die Teuerung begrenzten. Warum war die Inflation nach der zweiten Ölkrise Ende der 1970er Jahre bis zu Putins Krieg so niedrig? Zum einen wachsen die Industriestaaten nach dem Wirtschaftswunder der Nachkriegszeit weniger. Das begrenzt die Teuerung. Bei geringem Wachstum können Firmen schwerer höhere Preise durchsetzen, oder Beschäftigte höhere Gehälter. Dieser Trend wird bleiben. Es spricht nichts dafür, dass Industriestaaten auf ein neues Wirtschaftswunder zusteuern. Die zweite Ursache für die Jahrzehnte geringer Inflation ist die Globalisierung. Firmen konkurrieren nicht mehr nur im eigenen Land, sondern auf der ganzen Welt. Dieser Wettbewerb hält die Preise niedrig, die Firmen verlangen können. Denn Kunden können woanders kaufen. Dieser Wettbewerb erschwert auch Beschäftigten, höhere Löhne durchzusetzen. Denn Firmen können abwandern. Beides begrenzt die Teuerung. Die Inflation schrumpfte in den Industriestaaten von im Schnitt zehn Prozent in den 1980er Jahren auf zwei Prozent in den 2000ern. Marcel Fratzscher erwartet in den kommenden fünf Jahren etwas mehr Teuerung: Durch neue Lieferketten, teure Rohstoffimporte, mehr Verhandlungsmacht der Arbeitnehmer. Diese Preissteigerungen solle die EZB aber gerade nicht mit Gewalt auf zwei Prozent drücken. Den Preis von Rohstoffimporten könnte sie wie die Explosion der Energiepreise durch Putins Krieg ohnehin nicht beeinflussen. Die Lohnsteigerungen könne sie zwar bremsen. Aber Zinserhöhungen schaden der Wirtschaft. «Der Preis einer solchen Politik wäre ein starker Wirtschaftseinbruch, der viele Arbeitsplätze kostet.» Für Arbeitnehmer ist eine vorübergehend etwas höhere Inflation undramatisch: «Beschäftigte werden höhere Lohnsteigerungen haben. Und für Unternehmen ist es nicht problematisch, sie werden die Preise weitergeben.» Selbst wenn man in den nächsten Jahren eine etwas höhere Inflation annimmt, wäre das kein neuer Schock. Die Putinflation würde eine Ausnahme bleiben, die keinen dauerhaften Schaden anrichtet.

Kehrt die Hoch-Inflation zurück? Risiko 1923

Für manchen Bürger scheint es gespenstisch gut zu passen, dass sich ausgerechnet jetzt die Hyperinflation von 1923 jährt. Als suche ein Teuerungs-Tsunami das Land genau 100 Jahre später ein zweites Mal schicksalhaft heim. Die historische Rückblende lässt einen tatsächlich schaudern. Arbeiter versuchten ab morgens Brot und Kartoffeln für den täglich ausgezahlten Lohn zu ergattern, weil das Gehalt abends zu wertlosen Papierschnipseln mutierte. Ein Kilo Rindfleisch kostete zeitweise 4800 Milliarden Mark. Vor Hunger stürmten Tausende Berliner Äcker vor der Stadt, die Polizei erschoss einen Halbwüchsigen. Die Bürger begingen ein Drittel mehr Straftaten, Selbstmorde nahmen zu. Es war eine Zeit des Massenelends, der Demütigung, der Ohnmacht.

Sie wird sich so nicht wiederholen.

Die Monsterinflation von 1923 war das Werk von Kriegstreibern und Demokratiegegnern. Bereits während das Militär 1906 den Schlieffen-Plan für einen potenziellen Angriff gegen Frankreich beschloss, ersetzte die Reichsregierung Münzen durch Papiergeld, das man bei hoher Inflation braucht. Kaiser Wilhelm II. bezahlte den menschenverachtenden Angriff auf seine Nachbarn 1914 durch Anleihen, die seine Untertanen von ihren Ersparnissen kauften. Die Rückzahlung sollte aus den besiegten Ländern kommen. Nach der Niederlage stand die junge Demokratie unter Beschuss der Kriegstreiber von ehedem, die für die Probleme ausgerechnet jene verantwortlich machten, die anders als sie selbst keine Schuld trugen: die Sozialdemokraten in der neuen Regierung. Unter Druck der extremen Rechten war die Republik zu schwach, sich solide zu finanzie-

ren. Finanzminister Matthias Erzberger, der eine progressive Einkommensteuer zulasten der Topverdiener propagierte, ermordeten
rechte Terroristen. Bald mieden ausländische Kreditgeber Deutschland. Mangels Einnahmen druckte die Republik Geld. Als sie Reparationen schuldig blieb und Frankreich das Ruhrgebiet besetzte,
musste der Staat noch mehr Geld drucken, um Millionen streikende Arbeiter zu ernähren. Anfang 1923 mussten für einen Dollar 7000 Mark gezahlt werden – im November 2,5 Billionen. Kaiser
Wilhelms schmutzige Kriegsanleihen waren nichts mehr wert. Die
Ersparnisse einer Nation hatten sich in Luft aufgelöst.

Verlorener Weltkrieg, Ministermorde, rechte Putschisten: Das ist
nicht das Deutschland von heute. Aus dem Massenelend, der Demütigung und der Ohnmacht von 1923 lassen sich trotzdem Lehren
ziehen. Aber ganz andere, als gemeinhin angenommen wird.

Mancher stuft die damalige Monsterinflation als das große
Trauma der Deutschen ein. Der Hunger, der Wahnsinn, die verlorenen Ersparnisse hätten sich in die Psyche der Nation eingebrannt,
weitererzählt an jede weitere Generation. 1923 sei die Rechtfertigung für den deutschen Fokus auf stabilste Preise und risikolose
Geldanlagen. Für die Verehrung von Bundesbank und Mark. Für
das Misstrauen gegenüber EZB und Euro, die diese ablösten.

Allerdings dürfte es unstrittig sein, dass der Nationalsozialismus
und der Zweite Weltkrieg mit Holocaust und vielen Millionen Toten ein schlimmeres Trauma waren als die Hyperinflation. Im Vorlauf zu dieser größten Katastrophe des 20. Jahrhunderts steckt auch
eine geldpolitische Botschaft. Adolf Hitlers Machtergreifung erfolgte nicht in der Hyperinflation, sondern in der Weltwirtschaftskrise ab 1929. Und diese war in Deutschland eine Krise nicht steigender, sondern *fallender* Preise, also von Deflation. Ökonomisch
blind reduzierte Reichskanzler Heinrich Brüning Ausgaben, führte
neue Steuern auf den Konsum ein und pochte auf niedrigere Löhne.
Das strangulierte die Wirtschaft und ließ die Preise sinken. Wenn
Verbraucher die Preise sinken sehen, stellen sie Käufe zurück.
Wenn Firmen sinkende Preise erwarten, produzieren sie weniger.

Das lähmt die Volkswirtschaft. Nach zwei Jahren Deflationspolitik hatte Deutschland drei Millionen Arbeitslose mehr. Hitler gewann die ersten Wahlen.

Damals sah die deutsche Notenbank der Deflation untätig zu. Als in der Eurokrise der 2010er Jahre die Preise stagnierten, griff die EZB ein. Dies war neben der Rettung des Euro das zweite Motiv von EZB-Präsident Mario Draghi, das Geld zu verbilligen. Er wollte eine Wirtschaftskrise durch Deflation wie die vor Hitlers Machtergreifung vermeiden. «Ohne seine Geldpolitik wäre die Preisentwicklung noch weit niedriger gewesen», urteilt Präsident Marcel Fratzscher. Die Europäer können sich glücklich schätzen, anders als vor Hitlers Machtergreifung eine aktive Zentralbank zu haben, die sowohl Inflation wie Deflation im Auge behält.

Nach dem Ersten Weltkrieg hielten die Deutschen Geldwerte von 200 Milliarden Mark, Kaiser Wilhelms schmutzige Kriegsanleihen. 1923 waren diese noch genau 0,08 US-Dollar wert. Der Staat war seine Kriegsschulden los. Aus dieser Vermögens-Katastrophe für ein ganzes Volk wird abgeleitet, dass die Deutschen mehr als andere Nationen auf risikolose Anlagen setzen. Auf Sparbuch, Anleihen, Festgeld statt Aktien und Immobilien. Damit das Geld nicht verlorengeht wie 1923 – oder 1948, als nach dem zweiten deutschen Angriffskrieg binnen 25 Jahren eine Währungsreform die Wertlosigkeit von Hitlers blutigen Kriegsanleihen bestätigte.

Doch die Lehre aus 1923 und 1948 ist gerade *nicht*, sich auf Geldwerte wie Sparbuch und Festgeld zu konzentrieren. Es sind Sachwerte wie Aktien und Immobilien, die als Anlagen überlegen sind. Gerade in Krisen. 1923 kaufte der Unternehmer Camillo Castiglioni mit dem entwerteten Geld die Bayerischen Flugzeugwerke und taufte sie BMW. Hugo Stinnes aus Mülheim pumpte sich günstig Geld, kaufte davon Immobilien und Firmen und wurde der reichste Mann Europas.

In normalen Zeiten sind Sachwerte Geldwerten wie dem Sparbuch ohnehin überlegen. Globale Studien mehrerer Forscherteams über mehr als 100 Jahre zeigen, dass Aktien und Immobilien im

Schnitt pro Jahr sieben bis acht Prozent Gewinn abwerfen, Geldwerte aber nur 0,3 bis zwei Prozent. In den angeblich goldenen Bundesbank-Zeiten brachte ein deutsches Sparbuch von 1967 bis 1998 im Schnitt reale Zinsen von null. Die Studien zeigen, dass die vermeintlich riskanten Aktien und Immobilien trotz gelegentlicher Börsencrashs kaum unsicherer sind. Die Sachwerte boomten auch in der Niedrigzinsphase der 2010er Jahre, während die Deutschen die EZB für die Mickerzinsen ihrer Festgeldkonten beschimpften. Und während Geld auf dem Girokonto durch die Inflation seit Beginn der 2020er Jahre 16 Prozent an Wert verliert, erreichte der Deutsche Aktienindex trotz der wirtschaftlichen Unsicherheiten eine Höchstmarke nach der anderen. Wer Inflation bannen möchte, muss seine Anlagegewohnheiten verändern. Mit Sachwerten fahren die Deutschen besser. Würden fahren. Mehr als die Hälfte von ihnen besitzen keine Immobilie. 85 Prozent besitzen keine Aktien. Sie alle profitieren kaum von den gigantischen Wertzuwächsen und Gewinnen, die in Europas stärkster Wirtschaftsmacht jedes Jahr entstehen. Das zu ändern, ist auch ein Fall für die Politik (mehr dazu im Kapitel *Wohlstand für wirklich alle*).

Klimafreundlich aus dem Würgegriff

Seit kurzem werden die Deutschen von einer Angst ergriffen, die vergessen war. Versunken in den Erzählungen Älterer, angenehm weit weg: Die Angst, im eigenen Zuhause zu frieren. Wirklich flächendeckend gefroren hatten die Bürger:innen zuletzt im und nach dem Zweiten Weltkrieg. Der russische Überfall auf die Ukraine macht es auf einmal wieder möglich. Natürlich lässt sich das nicht mit den Leiden der beschossenen, gefolterten, getöteten Ukrainer vergleichen. Doch es zeigt, welche Schocks Wladimir Putins Krieg selbst weitab der Front verursacht. Als der Aggressor wegen der westlichen Sanktionen die Gaslieferungen stoppte und der Ölpreis hochschoss, begannen Deutsche zu bangen, ihre Heizung bleibe im Winter kalt. Oder sie könnten sich Heizen und Strom nicht mehr leisten. Oder sie müssten dafür auf vieles andere verzichten.

Seit Gas knapp und teuer wurde, gerät auch eine Säule des deutschen Wohlstands ins Wanken: Die Industrie. Ohne Gas machen Fabriken dicht. Energieintensive Branchen wie Chemie oder Stahl stellen Vorprodukte wie Kunststoff her, die in der Autobranche und überall unverzichtbar sind. Selbst ohne Gasmangel könnten Millionen Jobs abwandern, wenn Energie dauerhaft teuer bleibt. An den Terminmärkten kosteten Gas und Strom zeitweise selbst für das Jahr 2025 vier Mal so viel wie vor Putins Überfall – und vier Mal so viel wie etwa in den USA. «In dieser Lage lohnen sich Investitionen in Deutschland nicht mehr», so der Autozulieferer Kirchhoff, eine Milliardenfirma, die seit 200 Jahren hier produziert. BASF kündigt an, wegen teurer Energie und schärferen Wettbewerbs 3000 Stellen zu streichen, während der Konzern die Rekordsumme von zehn Milliarden Euro in China investiert. Der Putin-Schock verstärkt eine Entwicklung. Energieintensive Branchen investieren seit 20 Jahren weniger, als ihre Anlagen an Wert verlieren. «Wenn wir in zehn Jahren auf die Energiekrise zurückblicken, könnten wir sie als Ausgangspunkt für eine beschleunigte Deindustrialisierung betrachten», warnt die Deutsche Bank. Wenn massenhaft Produktion abwandert, steigt das Land wirtschaftlich ab. Die Industrie spielt in der Bundesrepublik eine weitaus größere Rolle als überall sonst im Westen: Sie ist für einen doppelt so großen Anteil der Wirtschaftsleistung verantwortlich als in vielen anderen Staaten.

Wie ein Dealer hat Wladimir Putin Deutschland und halb Europa an billiges Gas gewöhnt. Die Bundesrepublik bezog die Hälfte ihres Bedarfs von ihm. Dann leerte Gazprom vor dem Überfall auf die Ukraine klammheimlich die deutschen Speicher. Als der Westen die Invasion mit Sanktionen beantwortete, verweigerte der Dealer den Stoff. Putin erpresste Deutschland und die anderen Staaten, die Sanktionen aufzuheben. Demonstranten von ganz links und ganz rechts forderten genau das. Der Westen blieb standhaft. Aber wie konnte sich Deutschland überhaupt einem Diktator ausliefern? Und wie befreit es sich dauerhaft von solchen Abhängigkeiten, die Frier-Winter heraufbeschwören und den mühsam erarbeiteten Wohlstand torpedieren?

Die Bundesrepublik muss ihr Politik- und Wirtschaftsmodell komplett verändern, um den Abstieg zu verhindern. Hauptsache, Waren und Rohstoffe billig zu importieren, ist falsch. In Zukunft gilt es, sich gegenüber aggressiven Mächten wie China generell anders zu verhalten (mehr dazu in den Kapiteln *Industriepolitik für die grüne Revolution* und *Russland, China: Feindliche Riesen vor den Toren*). Besonders gefährlich sind die Abhängigkeiten bei der Energie. Nie waren Macht und Ohnmacht so zu spüren wie seit Frühjahr 2022, seitdem Putin den Menschen Angst zu Frieren macht. Und die Menschen fürchten müssen, dass mit der Industrie eine Säule ihres Wohlstands wegbricht. Doch Macht und Ohnmacht lassen sich umkehren: Wenn sich Deutschland aus dem fossilen Würgegriff befreit. Wenn es rasant Energie spart und auf erneuerbare Quellen umstellt, gelangt es in eine klimaneutrale Zukunft, die es ohnehin anstreben muss: Der Klimawandel verwüstet den Planeten

und vernichtet Menschenleben. Jede Solaranlage, jede Wärme-
pumpe und jede andere grüne Technik liefern einen dreifachen Gewinn: Sie bremsen den Klimawandel, befreien von fossilen Import-
drogen wie Gas – und etablieren deutsche Firmen bei Technologien,
die nach und nach die ganze Welt nachfragen wird. Ein solcher
Umbau verspricht auf Dauer niedrigere Preise als fossile Energie.
Das verhindert nicht nur neue Inflations-Schocks. Es rettet auch Industriejobs, die sonst verschwinden. Die Deindustrialisierung lässt
sich vermeiden, wenn die Politik den Firmen beim Umbau hilft.

So eine Energie- und Klimawende ist also ein großartiger Plan.
Um ihn zu realisieren, müssen die Deutschen jedoch jede Menge
Tabus brechen. Bisher haben sich Trägheit beim Klimaschutz, Abhängigkeit von fossilen Drogen und ein Verzicht auf staatliche Industriepolitik gegenseitig verstärkt – und die Wende verhindert. Sie
haben die Nation an jenen Abgrund gedrängt, vor dem sie jetzt
steht: Überteuerte Energie, Klimawandel, keine Zukunft für die
Industrie.

Wie sich Deutschland an Wladimir Putin ausgeliefert hat, ist eine
Geschichte des multiplen Staatsorgan-Versagens. Es schadet, wenn
die Politik es Konzernen mit ihren Gewinninteressen überlässt, die
Bürger mit Energie zu versorgen. Ab 1970 kam es zum «deutsch-
russischen Jahrhundertgeschäft»: Mannesmann lieferte Rohre, die
Deutsche Bank Kredite, die Sowjetunion zahlte mit Gas. Die Diktatur sollte sich durch Handel wandeln, das war die Idee. Vorher bekam Deutschland das Gas stabil aus den Niederlanden und aus
eigener Förderung. Auch ein Terminal für den Import von Flüssiggas war schon geplant, das Gelände in Wilhelmshaven gekauft.
Stattdessen ließen deutsche Politiker den Anteil des Russlands-
Gases bis zum Krieg auf fast 60 Prozent steigen.

Einer der großen Profiteure war neben E.ON die BASF-Tochter
Wintershall, deren Chef Mario Mehren nicht lange vor dem russischen Überfall auf die Ukraine erklärte: «Ohne Russland gibt es für
Deutschland und Europa keine Energiesicherheit, ob uns das passt
oder nicht. Aber ich persönlich bin überzeugt: Das sollte uns pas-

sen!» Wintershall übertrug Gazprom eine 900 Fußballfelder große Fläche in Niedersachen: Den größten deutschen Gasspeicher, den Russland vor der Invasion planmäßig leerte, um die Bundesregierung erpressen zu können. Schon ein Jahr vor der Invasion gab es dringende Hinweise, die deutschen Speicher seien verdächtig leer.

Dass Putin nicht zu trauen ist, war schon lange vorher erkennbar. Mehrfach drehte er osteuropäischen Nachbarn den Gashahn ab. Ungerührt weihte CDU-Kanzlerin Angela Merkel seine Pipeline Nord Stream 1 ein. Der wertvolle Stoff floss jetzt durch die Ostsee, vorbei an der Ukraine. Dann annektierte Putin die Krim. Schon ein Jahr später stimmte Merkel zu, dass mit Firmen wie BASF Nord Stream 2 gebaut wurde. Vergeblich wetterten Polen, Balten und Amerikaner. Vergeblich argumentierten die Ukrainer, Russland werde sie solange nicht angreifen, wie das Gas noch durch ihr Land fließe. Die Deutschen ignorierten die Ukrainer, die jetzt von Putins Schergen beschossen, gefoltert und getötet werden.

Wandel durch Handel? Das deutsche Kalkül gegenüber Russland ist mit dem schlimmstmöglichen Ergebnis gescheitert. Weil die Bundesregierung immer wegschaute, egal ob Putin auf der Krim und im Donbass einmarschierte oder Kritiker wie Alexei Nawalny vergiften ließ, ermutigte sie ihn zum ersten Flächenkrieg in Europa seit 1945. Die menschlichen Opfer in der Ukraine sind nicht zu verzeihen. Und die Bundesrepublik zahlt einen absurden Preis, um ohne Putins Gas klarzukommen: Die bei anderen Lieferanten überstürzt sündteuer eingekaufte Energie kostet schon im ersten Winter 64 Milliarden Euro Einkommen, die für die Importe ins Ausland abfließen. Jedem Bundesbürger werden 800 Euro genommen in einem Moment, in dem die Inflation ohnehin die Geldbeutel leert. Zusätzlich muss die Regierung einen Abwehrschirm aufspannen, um Bürger und Firmen von den hohen Preisen zu entlasten. Macht weitere bis zu 2500 Euro pro Einwohner, die zu finanzieren sind. Was für ein Wohlstandsverlust durch den Entzug von Putins Droge.

Als Bundeskanzler Scholz das erste, hektisch errichtete Terminal für den Import von LNG-Flüssiggas in Wilhelmshaven einweihte, zeigte er sich von der Fertigstellung in zehn Monaten euphorisiert: «Das ist das neue Deutschlandtempo», rief er in ein schwarzes Puschel-Mikrofon. Dabei hat schon vor einem halben Jahrhundert eine Firma ein Gelände in Wilhelmshaven gekauft, um ein solches Terminal zu bauen. Stattdessen lieferte sich Deutschland Russland aus. Schal wirkt Scholz' Euphorie auch, wenn man weiß, dass es bis zu zehn Jahre dauert, bis ein Windpark in Betrieb geht, der Deutschland ein Stück mehr aus dem fossilen Würgegriff befreit.

Deutschlands schmerzhafter Gas-Entzug liefert mehrere Lehren: Kein Schmusekurs mehr gegenüber Diktatoren, der zum Krieg gegen ihre Nachbarn ermutigt. Kein Ausliefern der Energieversorgung mehr an die Gewinninteressen von Konzernen. Und kein Zaudern mehr bei der Energie- und Klimawende, die erst ganz am Anfang steht, wenn Windparks neun Jahre später in Betrieb gehen als Terminals für klimaschädliches Flüssiggas.

Diese Öko-Wende bremst nicht nur den Klimawandel, befreit von fossilen Drogen und etabliert deutsche Firmen als Pioniere grüner Technologien – sie drückt auf Dauer auch die Energiepreise. Baut die Bundesrepublik erneuerbare Energien schneller aus, senkt das bis 2030 den Strompreis gegenüber dem sonst wahrscheinlichen Niveau um 20 Prozent, rechnet das Prognos-Institut vor. Die Wende reduziert das Risiko, dass gutbezahlte Industrie-Jobs verschwinden.

Während der Öko-Wende gilt es, die Energieversorgung übergangsweise durch andere Quellen sicherzustellen. Das tut die Regierung durch die LNG-Importterminals, die allerdings teuer überdimensioniert wirken. Denn über sie kann fast die Hälfte mehr Gas importiert werden, als die Nation 2030 insgesamt verbrauchen darf, um die Klimaziele einzuhalten. In der Übergangsphase dürfen keine neuen fossilen Strukturen zementiert werden, die die Wende ausbremsen – wie es zuvor Putins Gas tat. Seine Droge vernebelte allen politischen Lagern das Hirn, egal ob sie für oder gegen ernsthaften Klimaschutz arbeiten. Die Grünen wollten Gas nutzen, um schneller von der Kohle loszukommen. Wer in der Union und der FDP Klimaschutz ablehnt, musste das nicht sagen, weil es ja immer das Gas als Festhaltemöglichkeit am fossilen Zeitalter gab.

Um seine Klimaziele zu erreichen, neue Abhängigkeiten zu vermeiden und Chancen für deutsche Firmen zu schaffen, muss die Bundesrepublik die Wende jetzt wirklich angehen. Wie genau geht das? Mit einem Programm, das Klimaschutz ernst nimmt, eine grüne Revolution erneuerbarer Energien startet und staatliche Industriepolitik betreibt.

Klimaschutz ernst nehmen

Die Bundesrepublik hatte mit Angela Merkel zwar schon eine selbst ernannte «Klimakanzlerin», aber noch keinen konsequenten Klimaschutz. Dabei verschulden Industriestaaten wie die Bundesrepublik maßgeblich die Aufheizung des Planeten. Während ärmere Länder in Afrika, Asien oder im Pazifik die größten Opfer der Erderwärmung werden, bläst jeder Deutsche 300-mal so viel Kohlendioxid in die Luft wie ein Bewohner Burundis. Die Konsequenzen des Klimawandels lassen sich auch in der Bundesrepublik nicht mehr leugnen. Wetterextreme wie Hochwasser und Hitzewellen haben seit den Nullerjahren hierzulande 150 Milliarden Euro Schaden verursacht. Binnen weniger Jahrzehnte könnte der Schaden auf 900 Milliarden Euro anschwellen. Ein ungebremster Klimawandel wird viele Schocks auslösen. In weiten Teilen der Welt sowieso, aber auch in Deutschland. Er wird Lebensgrundlagen zerstören und einen wirtschaftlichen Abstieg ganz eigener Art auslösen.

Die Bundesregierung hat das Ziel ausgegeben, bis 2045 klimaneutral zu werden. Die geplante Wende erfordert «eine umfassende gesellschaftliche und politische Neuausrichtung», so die zentralen wissenschaftlichen Akademien des Landes. Doch die Passivität der «Klimakanzlerin» Angela Merkel ließ die CO_2-Emissionen auf ein doppelt so hohes Niveau zusteuern wie angepeilt. Nun will die Ampel-Regierung alles besser machen. In ihrem Koalitionsvertrag bemüht sie das Wort Klima 198 Mal. «Wir starten mit einem drastischen Rückstand,» erklärt der grüne Wirtschaftsminister Robert Habeck. «Die bisherigen Maßnahmen sind in allen Bereichen unzureichend.» Die grün-gelb-rote Regierung hat in vielen Bereichen ehrgeizige Vorhaben gestartet. Sie macht tatsächlich vieles besser. Aber manches auch nicht. Das zeigt sich beim Verkehr.

Wie stark jemand das Klima schädigt, hängt vom Geldbeutel ab. Riesige Unterschiede klaffen zwischen Deutschen und Rundis, den Bewohnern Burundis. Aber auch zwischen reichen und armen Deutschen. Jenes eine Prozent, das am meisten verdient und besitzt, bläst 20-mal so viel CO_2 in die Luft wie jemand aus der ärmeren Hälfte der Bevölkerung. Auch das zeigt sich beim Verkehr. Die Mehrheit der Bürger besteigt in einem ganzen Jahr keinen Jet. Zehn Prozent der Fliegenden buchen jeden dritten Flug. Rechnet man ein, dass Emissionen in großer Höhe besonders schaden, verantworten Fliegende sogar ein Drittel aller Verkehrsemissionen. Die Politik lädt zur Verwüstung des Planeten ein, indem sie Vielfliegen verbilligt: Internationale Flüge sind von der Mehrwertsteuer befreit. Und Kerosin für Flüge von der Energiesteuer.

Insgesamt sind solche klimaschädlichen Geschenke in den vergangenen 20 Jahren nicht kleiner geworden, sondern auf 65 Milliarden Euro gestiegen – pro Jahr. Oft fließt das Geld in den Verkehr. Subventionen kriegt, wer einen Dienstwagen fährt. Oder statt eines Benziners einen noch klimaschädlicheren Diesel. Der Verkehr ist weit vor Industrie und Heizungen der wichtigste Grund, warum Deutschland seine Klimaziele bis 2045 nach bisherigem Stand krass verfehlen wird. Nach eigener Einschätzung der Bundesregierung. Ohne Umsteuern beim Verkehr wird Deutschland nicht klimaneutral. Zentral dafür wäre eine Verlagerung von Benzinern zu Elektroautos – und weg von Autos zum Fahrrad und öffentlichen Nahverkehr. Umsteuern lässt sich, indem die Politik Fahrradwege, öffentlichen Nahverkehr und die Bahn ausbaut. Umsteuern lässt sich, indem sie klimaschädliche Geschenke stoppt, die Entfernungspauschale nur für Bus und Bahn gewährt und den CO_2-Preis

auf Benzin und Diesel klar erhöht. Gegen solche Vorschläge stemmt
sich die FDP. Umsteuern lässt sich durch ein früheres Aus für Verbrenner oder ein Tempolimit auf Autobahnen. Dagegen stemmt
sich die FDP. Sie fordert stattdessen gern mal, das Klimagesetz auf-
zuweichen. Vom Tankrabatt profitierten am meisten Fahrer jener
großen Autos, wegen denen die Verkehrsemissionen trotz techni-
scher Fortschritte nicht sinken, weil die Bürger mehr fahren und
ihre Autos dauernd größer werden. Die Ampel hat beim Klimaschutz ein FDP-Problem.

Das Heizungsdebakel

Die Ampel hat beim Klimaschutz auch ein Gebäudeproblem. Und
das ist zumindest teilweise ein FDP-Problem. «Bei der Wärme-
wende haben wir Jahrzehnte verloren», sagt Simon Müller, Direktor
der Denkfabrik Agora Energiewende, «wir müssen schneller werden.» Ein Haus hält 100 Jahre, jedes Jahr wird nur ein Prozent des
Hausbestands erneuert. Die energetische Verbesserung der Dächer
und Fenster dauert. Im Keller bei den Heizungen geht es nur langsam voran. Ein Großteil der 600 000 Gasheizungen, die zuletzt
jährlich neu eingebaut wurden, wird bei der üblichen Lebensdauer
noch 2045 laufen, wenn die Nation klimaneutral sein soll. Die Regierung lag richtig, als sie schon im Koalitionsvertrag vereinbarte,
dass jede neu eingebaute Heizung bald mehrheitlich mit erneuerbaren Energien betrieben werden muss. Und dass bestehende Heizungen möglichst ökologisiert werden. Als nach Putins Überfall
das Gas ausging, zog die Ampel das Gesetz vor. Gemeinsam. SPD,
Grüne und ja, auch die FDP. Was dann passierte, darf als Lehr-
stück dafür gelten, wie Deutschland seine Klimaziele verfehlt. Der
Gesetzentwurf von Wirtschaftsminister Habeck wurde an die
Bild-Zeitung geleakt, die wochenlang vom «Heiz-Hammer» schwa-
dronierte. Den Grünen ist vorzuwerfen, dass das Gesetz schlecht
vorbereitet war. Zusätzlich zu den 200 000 jährlich ohnehin einge-
bauten Wärmepumpen rasch in alle Neubauten statt der bisher

600 000 Gasheizungen Wärmepumpen einzubauen, war unrealistisch. Der Zusammenhang mit der kommunalen Wärmeplanung wurde vernachlässigt. Vorzuwerfen ist den Grünen auch, dass sie nicht frühzeitig großflächig informierten, wie wenige Hausbesitzer zunächst vom Heizungstausch betroffen sein sollten – und welche großzügigen Zuschüsse den Betroffenen winken.

Völlig diskreditiert aber wurde das Vorhaben dadurch, dass sich die FDP wie eine Oppositionspartei inszenierte. Der daraus folgende Mechanismus ist aus der großen Flüchtlingsbewegung 2015 bekannt. Damals agitierte die Regierungspartei CSU monatelang gegen die Politik der anderen Regierungsparteien CDU und SPD. Die Bürger glauben dann: Wenn schon die eigenen Leute dagegen sind, muss die Politik irgendwie falsch sein. Wer schaut sich da noch die Fakten an? So war es auch beim Heizungsgesetz. Dankbar nahm die Opposition die Vorlage der FDP auf. CSU-Chef Markus Söder verbreitete eifrig Fake News wie jene, die Heizungspläne kosteten Hausbesitzer bis zu 300 000 Euro. Die Kabarettistin Monika Gruber, die ihre Bedürftigkeit durch den Besitz einer (gasbeheizten) Villa im Wert von sechs Millionen Euro belegte, lockte 10 000 Teilnehmer zu einer Protestdemo. Anwesend: FDP-Politiker, die quasi gegen sich selbst demonstrierten. Der bayerische Wirtschaftsminister Hubert Aiwanger erklärte dort: «Jetzt ist der Punkt erreicht, wo endlich die schweigende große Mehrheit dieses Landes sich die Demokratie wieder zurückholen muss.» Darauf angesprochen, dass dies eine AfD-Parole ist, sagte der einst bekennende Impf-Skeptiker von den Freien Wählern: «Ich stehe zu diesem Satz. Nur weil irgendwann mal ein AfD-ler etwas Ähnliches gesagt hat, ist das noch lange kein Tabu-Satz».

In den Monaten des Heizungsdebakels hat die AfD ein neues Umfragehoch von 20 Prozent erklommen, vor SPD, Grünen und FDP. Eine zumindest teilweise rechtsextreme Partei als zweitstärkste Kraft in Ex-Nazi-Deutschland. Das bestätigt die These von Demokratieforschern, dass die Annäherung an rechtspopulistische Inhalte und Parolen durch etablierte Parteien die Rechtspopulisten nicht schwächt – sondern stärkt. Nach den monatelangen Aufwallungen über den «Heiz-Hammer» hat die Ampel den Heizungsaustausch einige Jahre verschoben. Verlierer ist der Klimaschutz.

Dabei zeigt die Heizungsfrage eigentlich, wie Klimaschutz und sichere, bezahlbare Energieversorgung zusammenpassen könnten. Über 40 Prozent des in Deutschland verbrauchten Erdgases geht für Heizung und Warmwasser drauf. Wird Gas durch Wärmepumpen ersetzt, muss das Land weniger teures LNG-Flüssiggas importieren. Und es lässt sich mehr Gas übergangsweise in der Industrie nutzen. Und so die Abwanderung von Jobs stoppen.

Wärmepumpen brauchen Strom, genau wie Elektroautos, Wasserstoff oder Industriebetriebe, wenn sie Gas ersetzen. Die Bundesrepublik braucht dadurch ein Drittel mehr Strom als bisher. Möglichst viel davon sollte sie aus erneuerbaren Energien gewinnen. Das zeigt, warum Deutschland endlich einen Turbo für Erneuerbare zünden muss. Schon die Hälfte des Stroms kommt aus erneuerbaren Energien. Die vermeintliche Klimakanzlerin Merkel peilte für 2030 65 Prozent an. Ihr Nachfolger Olaf Scholz plant 80 Prozent. Doch zugleich soll ja die Strommenge steigen. Der Ökostrom müsste sich also in den wenigen Jahren bis 2030 verdoppeln – und bis 2035 verdreifachen. Diese Anstrengung ist entscheidend dafür, ob die Energiewende gelingt. Ohne eine grüne Revolution scheitert alles.

Die grüne Revolution

Wenn er über erneuerbare Energien redet, lässt Olaf Scholz mal seinen Sprechautomaten im Kanzleramt stehen und findet plastische Beispiele. Um die Ziele zu erreichen, müssten Sonnenkollektoren auf einer Fläche von 43 Fußballfeldern in Betrieb gehen – jeden Tag. Und jeden Tag mehr als fünf Windkraftanlagen. Scholz vergleicht die geplante grüne Revolution mit der industriellen Revolution, die vor 200 Jahren erstmals in der Geschichte der Masse der Menschen in den Industrieländern Wohlstand brachte. Robert Ha-

Dramatischer Einbruch
Im Land installierte Leistung Windenergie in Megawatt

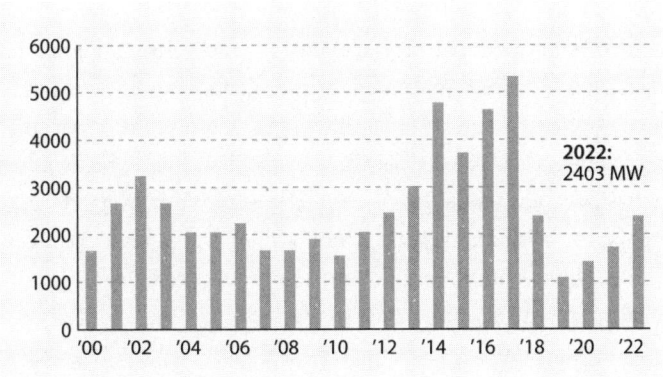

Quelle: Agentur für Erneuerbare Energien

beck spricht vom «vielleicht kühnsten Projekt seit dem Zweiten Weltkrieg». Vor allem wirkt diese Revolution jedoch: weit weg.

Jeden Tag sollen mehr als fünf Windanlagen in Betrieb gehen. Im ersten Ampel-Jahr 2022 wurde an Land 2400 Megawatt Windenergie zugebaut. Das war weniger als vor 20 Jahren. Und es war halb so viel wie vor fünf Jahren. Was um Gottes willen passiert da?

Früher durfte man Windräder bevorzugt im Außenbereich von Kommunen bauen, wo keine Häuser erlaubt sind. Dann hieß es, sie *verspargelten* die Landschaft. Die Bevorzugung fiel, wenn es einen regionalen Plan zum Ausbau gab. Diese unklaren Pläne führten zu massenhaften Klagen, die die Windkraft stoppten. Bundesländer wie Bayern verhinderten Windräder etwa durch die 10H-Abstandsregel zu Wohnhäusern. «Das war der Killer», sagt Simon Müller von Agora Energiewende. Es ist gar nicht so utopisch, fünf Windräder am Tag aufzustellen. Es gab in der Bundesrepublik mehrere Jahre, in denen das gelang. Man muss es nur wollen und nicht dauernd von Problemen der Windkraft reden so wie Merkels Wirtschaftsminister Peter Altmaier (CDU). In den letzten Regierungsjahren der vermeintlichen Klimakanzlerin wurde halb so viel

Windkraft zugebaut wie zwanzig Jahre zuvor unter Kanzler Gerhard Schröder, als der Klimawandel noch kein so großes Thema war.

Hürden gibt es auch bei anderen Erneuerbaren. So geht der Solar-Ausbau zwar schneller. Aber hier dauert es mit drei Jahren ebenfalls viel zu lang, bis ein Solarpark in Betrieb geht. «Auch hier ist es fraglich, ob die 2030er-Ziele erreicht werden», heißt es im Fortschrittsmonitor der Energiebranche. «Doch das größte Sorgenkind ist die Windkraft», klagt Simon Müller. Das ist fatal: Wind erzeugt auch im Winter Strom, wenn keine Sonne scheint. Er soll das Arbeitspferd der Energiewende werden.

Müller erkennt an, dass die Ampel-Regierung viele Regeln ändert. Aber Zweifel bleiben. Manche Bundesländer ändern die Abstandsregeln nur halbherzig. Die Politik sollte die Bevorzugung im Außenbereich übergangsweise wieder einführen. Außerdem sollte sie das Ziel vorziehen, zwei Prozent der Landesfläche für Windkraft zur Verfügung zu stellen. Und dann sind da die Genehmigungen der Anlagen. Als die Förderung Erneuerbarer begann, dauerten sie einige Monate. Jetzt dauern sie im Schnitt sieben Jahre. Wird das in Zukunft wirklich viel schneller? Fünf Windanlagen am Tag? Die großen Bundesländer Bayern und Baden-Württemberg genehmigten in den ersten zwei Monaten 2023 nicht fünfzig Windanlagen, nicht hundert. Sondern null. Und damit hört es nicht auf. Manche Länder brauchen fünf Monate, um zu erlauben, dass eine genehmigte Anlage dahin transportiert wird, wo sie Strom erzeugen soll. Das Ganze läuft meist auf Papier. Wegen solcher Hürden warten jede Menge schon genehmigte Windanlagen auf den Start. Und zwar dreimal so viele, wie die Ampel-Koalition in ihrem ersten Jahr insgesamt hinzubaute. Aus den Genehmigungszahlen lässt sich jetzt schon ablesen, dass die Ausbauziele für Windkraft 2025 verfehlt werden.

Gerade einige Bundesländer irrlichtern in die Zukunft. Um seine selbstgesteckten Klimaziele zu erfüllen, müsste der langjährige bayrische Ministerpräsident Markus Söder jedes Jahr 100 Windräder errichten lassen. 2021 waren es acht. Im Landtagswahlkampf 2023 plakatierte er trotzdem großmäulig, Bayern sei bei Erneuerbaren Spitze. Das hat er exklusiv. Statt seine Hausaufgaben zu machen, hat Söder Fracking-Gas aus Niedersachsen gefordert, das erst in vielen Jahren zur Verfügung stünde. Oder er hat Stromautobahnen verzögert, ohne die keine Energiewende gelingt. Wegen seines Populismus dürfen die «Monstertrassen» nicht mehr wie bisher an Strommasten verlaufen, sondern müssen jetzt unter der Erde verbuddelt werden. Was viel länger dauert.

Im Norden gibt es mehr Wind, im Süden mehr Bewohner. Anlagen in Schleswig-Holstein können teils nur die Hälfte ihres Windstroms einspeisen, weil er sich mangels fertiger Stromautobahnen nicht in den Süden leiten lässt. So fahren Windanlagen im Norden herunter und an den Alpen fahren Gaswerke hoch, was allein durch die Preisexplosion in den ersten Monaten des russischen Angriffskriegs zwei Milliarden Euro verbrannte. Das deutsche Stromnetz muss sich bis Ende des Jahrzehnts verdoppeln. Bei der Stromautobahn SuedLink, die bereits ab 2022 Windstrom aus dem Norden transportieren sollte, waren ein Jahr später noch null Meter Kabel verlegt – nach zehn Jahren Planung.

Die grüne Revolution ist der Weg, um sich von klimaschädlichen Importen aus Diktaturen zu befreien und die Kosten für Verbraucher und Industrie zu reduzieren. Doch Ökonomen wie Veronika Grimm bleiben skeptisch: «Die Regierung muss mehr Anreize zum Energiesparen setzen und Erneuerbare wie Wind und Solar schneller ausbauen», sagt Grimm, die die Bundesregierung als Wirtschaftsweise berät. «Die Regierung will vier Mal so schnell sein wie geplant. Aber danach sieht es überhaupt nicht aus.»

Um den wirtschaftlichen Abstieg zu verhindern, müssen die Bürger die Politik drängen, Widerstände gegen die Energie- und Klimawende zu überwinden und sinnlose Tabus zu brechen. Denn die sind da: Ob in der Ampel, in den Bundesländern, in den Behörden oder in Firmen, die überkommene Strukturen oder fossile Geschäftsmodelle verteidigen. Statt Kosten zu scheuen, gilt es, an die

Vorteile zu denken: Eine selbstbestimmte Energieversorgung statt Putin-Schocks und Preisexplosionen. Eine klimafreundliche Zukunft statt der Verwüstung des Planeten. Wachstum wie eine 2030 um vier Prozent höhere Wirtschaftsleistung durch den raschen Ausbau Erneuerbarer, die das Prognos-Institut vorrechnet. Bezahlbare Energie statt Kostendruck, der massenhaft Industriejobs außer Landes treibt.

Ja, es gibt eine Übergangsphase, bis die Wende gelungen ist. Sie dauert umso länger, je langsamer Erneuerbare ausgebaut und ihr Import aufgebaut werden. So lange bleibt teure fossile Energie ein Problem gerade für die Unternehmen. Was kann die Politik tun, um in dieser Zeit die gutbezahlten Industriejobs im Land zu halten? Und wer baut eigentlich all die Anlagen für die grüne Revolution?

Industriepolitik für die grüne Revolution

An diesem Morgen hat Uwe Schmorl sie zusammen, die zehntausend Protest-Unterschriften. Der Betriebsrat mit den Fußballerbeinen will gleich nach Berlin aufbrechen und die Unterschriften dem Umweltminister hinknallen. Denn an diesem Tag kürzt der Bundestag die Solar-Förderung um bis zu 30 Prozent. Und das mitten in der Energiewende, die die Regierung ausgerufen hat, weg von herkömmlichen Quellen zu erneuerbaren wie Sonne.

Wo der Betriebsrat jetzt steht und im Büroturm 2 auf den Kaffeeautomaten drückt, war zu DDR-Zeiten Ackerland. Getreide, Raps. Wenn es Industrie-Arbeit gab im Chemiezentrum Bitterfeld, war sie oft schmutzig. In der Textilfaserfabrik starben die Arbeiter meist mit 50, 55. Bitterfeld in Sachsen-Anhalt galt als dreckigste Stadt Europas, wie es Monika Maron in ihrem verbotenen Roman «Flugasche» beschrieb.

Dann kam im wiedervereinigten Deutschland 1998 erstmals eine rot-grüne Regierung an die Macht und bezuschusste massiv, wenn jemand eine Solaranlage aufs Dach schraubte. Das war eine Chance für die arbeitslose ostdeutsche Provinz und den Ex-Zweitliga-Fußballer Uwe Schmorl, den sie zärtlich «Schmorli» rufen. Hier beim Büroturm 2, Bitterfeld, Sonnenallee entstand mit Q-Cells der weltgrößte Hersteller von Solarzellen. Ein Kandidat für den Deutschen Aktienindex Dax. Insgesamt entstanden in Deutschland 130 000 meist gutbezahlte Sonnen-Jobs.

Als ich Uwe Schmorl an diesem Märzmorgen im Jahr 2012 besuche, bricht die deutsche Solar-Industrie gerade zusammen. Die chinesische Regierung subventioniert ihre ohnehin günstig produzierenden Hersteller massiv, so dass sie mit Dumping-Preisen Konkurrenten wie Q-Cells unterbieten. Die deutsche Politik fördert Solaranlagen, egal ob sie von Q-Cells kommen oder von chinesischen

Dumping-Anbietern. Und dann kürzt die Unions-FDP-Regierung, die wie die Ampel-Koalition heute eine Energiewende ausgerufen hat, auch noch die Förderung um bis zu 30 Prozent. Der Umweltminister hat den Termin mit Uwe Schmorl für die Protest-Unterschriften bereits an eine Frau Reiche weitergereicht. Das ist die Staatssekretärin, erfährt Schmorl im Internet. Na wenigstens eine aus dem Osten. Vielleicht hilft das ja. Schmorls Handy klingelt. Die Staatssekretärin lässt den Termin absagen.

Die Regierung Angela Merkel lässt den Zusammenbruch der Solarindustrie geschehen. Fünf Tage später meldet Q-Cells Insolvenz an, ebenso wie Solon, Solarworld und andere Pioniere einer Technik, die doch die Deutschen etabliert haben. «Eine Technologie erst durchsetzen und dann aufgeben, so dumm können nur die Deutschen sein», sagt Uwe Schmorl damals bitter. Die Bundesrepublik hat die Arbeitsplätze ins Ausland exportiert und ganze Regionen wirtschaftlich absteigen lassen. Heute kontrolliert China das Solar-Geschäft komplett und dominiert die gesamte Wertschöpfungskette. Allein indem es Solaranlagen in alle Welt verkauft, nimmt es 30 Milliarden Dollar im Jahr ein, soviel wie die Lufthansa Umsatz macht.

Alle zehn führenden Maschinenbauer in der Solarindustrie stammen aus China. Sein Marktanteil in der Solar-Fertigung könnte bald von 80 auf 95 Prozent steigen, sagt die Beratungsfirma McKinsey voraus. Diese aggressiv errungene Dominanz hat nicht nur zehntausende Jobs bei Q-Cells und Co. vernichtet. Die Bundesrepublik hat sich bei einer wichtigen Technologie ausgeliefert – und nicht nur bei dieser. «China hat in den vergangenen Jahrzehnten den Abbau und die Weiterverarbeitung von kritischen Rohstoffen an sich gezogen, die Industrien subventioniert und so Abhängigkeiten erzeugt», sagt mir die Wirtschaftsweise Veronika Grimm (ausführlich dazu das Kapitel *Russland, China: Feindliche Riesen vor den Toren*). Gerade bei erneuerbaren Energien ist Deutschland massiv abhängig, etwa bei Solarpaneelen. «Unsere Abhängigkeit von China ist gefährlicher als die von Russland», warnt Grimm.

«China könnte unserer Transformation zur Klimaneutralität ein jähes Ende setzen.»

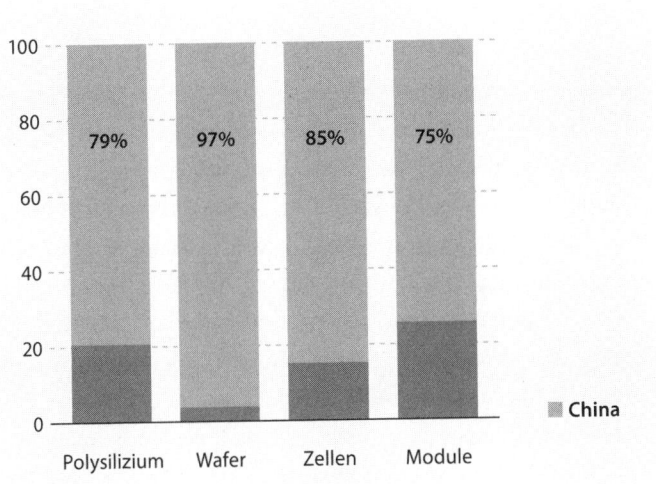

Chinas Monopol
Weltweite Produktionskapazitäten für Solartechnik 2021

Quelle: Internationale Energieagentur

Die Regierung in Peking hat eine Liste von Technologien veröffentlicht, deren Export sie künftig genehmigen muss. Darunter finden sich Wafer für Solarzellen, die zu 97 Prozent in China gefertigt werden. So kann die Regierung ganz einfach verhindern, dass genug Solaranlagen für die deutsche Energiewende bereitstehen. Genau jetzt, da Deutschland seine Ökostromerzeugung verdreifachen muss, um unabhängig von fossilen Importen wie Putin-Gas zu werden, die Abwanderung der Industrie zu stoppen und die Klimaziele zu erreichen.

Das Solar-Desaster ist ein Paradebeispiel für den naiven Glauben in Deutschland, in einer globalisierten Welt kämen die Produkte schon günstig und zuverlässig von irgendwoher. So wie Gas aus Russland. So wie Medizinprodukte aus China, die zu Beginn der

Corona-Pandemie plötzlich ausblieben. So wie Solaranlagen für die Energiewende.

Selber durch Industriepolitik sicherstellen, dass essenzielle, strategisch wichtige Produkte ausreichend im eigenen Land oder wenigstens in der EU produziert werden? Statt sich einem Lieferanten auszuliefern? Um Gottes willen, ein Eingriff in den heiligen Markt. Staatliche Industriepolitik überlassen die Deutschen lieber Chinesen, Russen, Japanern, Südkoreanern oder Amerikanern. Sie bleiben lieber bei marktliberalen Prinzipien, opfern über 100 000 Solar-Jobs, gefährden die Energiewende und kriegen Angst, zu frieren.

Marktliberale deutsche Ökonomen argumentieren meist mit den hohen Kosten, die Industriepolitik bedeuten kann. Aber in Wahrheit geht es oft gar nicht ums Geld, wie das Solar-Desaster illustriert. «Die Förderung der erneuerbaren Energien ab den Nullerjahren war eine riesige teure Subvention, aber wir haben damit den Fortschritt in China gefördert», urteilt Sebastian Dullien vom Institut für Makroökonomie. «Wir haben das Preis-Dumping der Chinesen laufen lassen, bis unsere Solar-Industrie kaputt war.» Sinnvoller wäre es gewesen, die Zig-Milliarden-Förderung zu nutzen, um hierzulande zumindest eine gewisse Produktion und Arbeitsplätze zu sichern, statt sich chinesischen Lieferanten auszuliefern.

Die Tabuisierung der Industriepolitik ist weniger eine Frage des Geldes als vielmehr der Ideologie. Seit langem gefällt sich die Bundesrepublik als Hort marktliberaler Ordnungspolitik. Doch diese atmet eine marktgläubige Ignoranz, die sich das Land angesichts der Industriepolitik aggressiver Mächte wie China nicht mehr leisten kann, will es den wirtschaftlichen Abstieg verhindern. Sicher, es sollten nicht unterschiedslos und unbefristet Branchen aller Art subventioniert werden, weil das teuer und überflüssig ist. Doch es gilt das Tabu zu brechen und abzuwägen, wann Industriepolitik für das Wohl der Nation notwendig ist – und insgesamt mehr davon zu wagen als bisher (ausführlich im Kapitel *Millionen gutbezahlte Jobs halten und schaffen*). Dies gehört zu einem neuen Verständnis einer aktiven Rolle des Staates, den Marktliberale jahrzehntelang auf die

Ersatzbank verbannten. Sowohl die Finanzkrise 2008 wie auch die Explosion der sozialen Ungleichheit und der skrupelfreie Aufstieg Chinas haben den Mythos entlarvt, wonach Märkte alles richten – und der Staat bloß nicht eingreifen soll.

In der Energiefrage sollte der Staat eingreifen, wo es notwendig ist. Mit einer Industriepolitik, die eine klimaneutrale, selbstbestimmte Energieversorgung genauso sicherstellt wie sie massenhaft Jobs sichert. Dazu gehört, die Energiekosten übergangsweise durch einen Industriestrompreis zu senken, so dass sich Betriebe im Wettbewerb mit den USA oder China behaupten können. Dazu gehören Subventionen für den ökologischen Umbau energieschluckender Stahl- oder Chemiefirmen etwa auf Wasserstoffbasis. Dazu gehören internationale Kooperationen, um diesen Wasserstoff auf anderen Kontinenten zu produzieren und nach Europa zu transportieren. Und dazu gehört, eine heimische Industrie für Umwelttechnik (wieder-)aufzubauen.

Die deutsche Politik hat auf diese mehrfache Herausforderung jahrelang nicht mal ansatzweise reagiert. Stattdessen ließen Bundeskanzlerin Merkel und ihr Wirtschaftsminister Peter Altmaier zu, dass sich das Solar-Desaster bei der Wind-Industrie wiederholte. Sie kappten die Förderung und erlaubten, dass die Bundesländer die Genehmigung von Windrädern blockierten. Von 2018 bis zur Abwahl der CDU/CSU wurden nur noch ein Drittel so viel Windräder aufgestellt wie zuvor. In den Flautejahren wanderte ein Hersteller nach dem anderen ab oder ging pleite. «Warum soll eine Firma noch in ihrem Heimatmarkt produzieren, wenn da kaum noch Windräder aufgestellt werden?», fragt Daniel Friedrich, Chef der IG Metall im Norden. In der deutschen Wind-Industrie waren 165 000 Jobs entstanden, bei Produktion, Forschung, Entwicklung, Service. 65 000 gingen bereits verloren. «Es besteht die Gefahr, dass jetzt Forschung und Entwicklung abwandern, weil sie die Nähe zur Produktion brauchen», sagt Gewerkschafter Friedrich.

In anderen Staaten gibt es Vorschriften, wonach ein Teil der Windanlagen im eigenen Land hergestellt werden muss. In Deutschland nicht. Bei der Ausschreibung für Projekte spielt auch keine Rolle, dass billige Windanlagen aus Indien und China auf Schiffen geliefert werden, die mit Schweröl laufen. «Von den zehn größten Windanlagenherstellern kommen inzwischen acht aus China», berichtet Simon Müller von Agora Energiewende, «das sind die mit Abstand größten. Es könnte beim geplanten Ausbau der Windenergie in Deutschland entlang der ganzen Wertschöpfungskette Schwierigkeiten geben.»

Die deutsche Politik hat die nächste Abhängigkeit geschaffen.

Das muss endlich anders werden. Wirtschaftsminister Robert Habeck lässt auch erkennen, dass er industriepolitisch agieren will – wenn er dazu in der Koalition das nötige Geld bekommt. Also von FDP-Finanzminister Christian Lindner, der bei jeder Gelegenheit blockiert (mehr dazu im Kapitel *Wie das Land kaputtgespart wird*). Die Deutsche Energieagentur hat einen Masterplan entwickelt, den sie Habeck ans Herz legt. Um die Ökostromerzeugung wie geplant zu verdreifachen, müsse sich das Ausbautempo von Wind, Sonne & Co. vervielfachen. Das klappe nur, wenn die Bundesrepublik den größten Teil der Technik im Land produziere, statt weiter von China abzuhängen. Konkret schlägt die Agentur vor, die Regierung müsse «für die erfolgreiche Wiederbelebung einer europäischen Solar-Industrie ausreichend Kapital sicherstellen». Um Investitionen in die Fertigung anzuregen, sollen Hersteller Abnahmegarantien für Wind- und Solaranlagen erhalten. Günstiger Solarstrom soll die energieintensive Anlagenproduktion ermöglichen, wie sie Wacker Chemie betreibt, einst Weltmarktführer für Polysilizium. Die staatliche Wind- und Solar-Förderung soll nicht mehr nur der Hersteller erhalten, der die billigste Anlage ins Feld oder aufs Dach stellt. Denn die internationale Konkurrenz deutscher Hersteller wird ja von ihren Regierungen bezuschusst. Künftig soll auch zählen, wie viel CO_2 die Fertigung verursacht oder ob die Anlagen recycelbar sind, wobei europäische Hersteller überlegen sind. Daniel Friedrich von der IG Metall schlägt zusätzlich vor, dass der Staat als Minderheitsaktionär bei Herstellern einsteigt: «Nach den schlechten Erfahrungen haben die Unternehmen wenig Vertrauen, dass der Ausbau der Erneuerbaren durchgehalten wird.»

Solche Vorschläge ergeben ein Paket, wie sich Deutschland in der Wind- und Solartechnik re-industrialisiert, um gleichzeitig Jobs zu schaffen und unabhängig zu werden. Durch die Explosion der Energiepreise nach der russischen Invasion sollte jedem klargeworden sein, wie unverzichtbar solche Souveränität ist. China hat ja ganz verschiedene Motive, Solar- und Windtechnik nicht mehr zu liefern: Den Wiederaufbau einer europäischen Solar- und Wind-Industrie verhindern, die seinen Firmen Konkurrenz macht. Eine grüne Revolution in der Bundesrepublik torpedieren, damit Industriebetriebe wegen teurer Energie abwandern. Oder Zugeständnisse in anderen Bereichen erpressen, angesichts des chinesischen Dauerstreits mit Europas Partner USA eine sehr reale Möglichkeit.

Die Bundesrepublik kann und sollte nicht jeden Kostennachteil im internationalen Wettbewerb ausgleichen, und schon gar nicht dauerhaft. Aber es ist sinnvoll, die (Wieder-)Ansiedlung einer gewissen Produktion von Wind- und Solaranlagen und die Weiterentwicklung der Technologie zu fördern. Zumal die Bundesrepublik in der Solartechnik noch eine ungenutzte Führungsstellung beim Know-how halten könnte. So argumentiert jedenfalls Gunter Erfurt, der als Chef der Firma Meyer Burger gerade hunderte Millionen Euro in die Produktion von Solarzellen und -modulen investiert. Unter anderem in Bitterfeld, der einstigen Hochburg mit Uwe Schmorls verhindertem Weltkonzern Q-Cells. Erfurt macht Hoffnung: «Es ist noch nicht zu spät für eine Renaissance in Europa», sagt der Physiker. «Mit der richtigen Förderung kann hier wieder etwas Großes entstehen.»

Es gibt ein weiteres Argument, die Produktion von Umwelttechnik insgesamt durch strategische Industriepolitik auszubauen. Auf dem ganzen Erdball werden Nationen nach und nach ihre Klimaemissionen reduzieren, wodurch Umwelttechnik weltweit zu einem *der* Leitmärkte der kommenden Jahrzehnte wird. Zusätzlich hat der russische Angriffskrieg mit Preisexplosionen bei Gas und Öl welt-

weit Nationen demonstriert, wie alternativlos eine souveräne Energieversorgung durch Erneuerbare ist. Beides schlägt sich bereits in
den globalen Investitionen nieder. Lange pumpten Staaten weltweit
mehr als doppelt so viel Kapital in die Förderung von Öl und Gas
als sie in Wind- und Solaranlagen investierten. Nach dem russischen Einmarsch floss noch mehr Geld in Öl und Gas, weil überall
nach Alternativen zu Russland gesucht wird. Die Investitionen in
Wind und Sonne sprangen aber sogar von 360 auf fast 500 Milliarden Dollar. Damit übertrafen sie den fossilen Kapitalstrom, und
zwar erstmals überhaupt. Weltweit flossen auch 560 Milliarden
Dollar in Energieeffizienz, vor allem in Wärmepumpen und Elektroautos. Das britische Magazin *Economist* schätzt, dass Putins
Krieg die globale Energiewende hin zu Erneuerbaren um fünf Jahre
beschleunigen wird.

Die Bundesrepublik sollte sich bemühen, mit seinen Unternehmen an der Bonanza in diesen Märkten teilzuhaben und dadurch
gutbezahlte Jobs und Wohlstand zu schaffen. Sieht sie weiter nur zu,
steigt sie wirtschaftlich ab. Andere Länder sind längst dabei, sich in
diesen rasant wachsenden Märkten festzukrallen. So will China
seine Weltmarktführung etwa bei der Produktion von Solaranlagen
ausbauen. Indien will seine Solar-Fabriken in den kommenden fünf
Jahren auf 53 Gigawatt verdoppeln. Die USA wollen ihre Produktion auf 45 Gigawatt vervierfachen. Was immer noch halb so viel
wäre wie die heutige Produktion des chinesischen Marktführers
Longi. Europa dagegen plant bisher nur eine Erweiterung von 13
auf 17 Gigawatt. Sein weltweiter Marktanteil würde damit auf zwei
Prozent schrumpfen, während es gleichzeitig 20 Prozent aller Solaranlagen kauft. Und die Solarbranche ist ja nur ein Beispiel. Im absehbaren globalen Massengeschäft mit grüner Technik kann der
deutsche Standort sich gezielt jene Bereiche mit hoher Wertschöpfung heraussuchen, in denen seine hohen Lohnkosten hereinzu-
spielen sind.

Gerade die Bundesrepublik und Europa haben gute Voraussetzungen, um vom weltweiten Ökoboom zu profitieren und dadurch

Wohlstand zu schaffen. Ihre globale Vorreiterstellung beim Klimaschutz lässt sich zum Arbeitsplatzturbo machen. Weil sie konsequenter nach Klimaneutralität streben als China oder die USA, lässt sich die Technik hier besser testen und verbessern als irgendwo anders – und so die CO_2-Lösungen kreieren, die die ganze Welt braucht. Ein solcher historischer Vorteil sollte nicht verschleudert werden. Sieht man vom Wind- und Solardesaster ab, hat die Bundesrepublik beim Export von Umwelttechnologie insgesamt noch eine starke Stellung. Trotz herber Verluste in den vergangenen Jahren rangiert sie noch hinter China als Export-Vizeweltmeister. Mit 14 Prozent besitzt sie bei Umwelttechnologie einen höheren Weltmarktanteil als bei ihren Exporten insgesamt (drei Prozent). Insgesamt erwirtschaften Güter und Dienstleistungen für den Umweltschutz bereits mehr Umsatz als die Dax-Schwergewichte BASF und Siemens. Sie stellten bereits 2021 340 000 Arbeitsplätze – zehn Prozent mehr als im Jahr zuvor.

Es bedarf strategischer Industriepolitik, die Deutschlands und Europas Unternehmen in der Umwelttechnologie Wind unter die Flügel bläst. Doch diese Dynamik braust gerade ganz woanders: Neben China in den USA.

Der Hersteller Siemens Gamesa hat angekündigt, ein neues Werk für Windanlagen im Meer zu bauen. Während in der Branche hierzulande Fabriken dichtgemacht und Jobs gestrichen werden, entsteht das 500 Millionen Euro teure Werk – in den USA. Kein Einzelfall. Der irische Zementhersteller Ecocem baut sein neues klimafreundliches Werk in Kalifornien. Auch die deutschen Chemiekonzerne Evonik, Lanxess und BASF zieht es nach Amerika. Wenn Siemens Gamesa den Schritt mit «soliden Rahmenbedingungen» begründet, dann lässt sich das Schwurbeldeutsch leicht übersetzen: *Inflation Reduction Act* heißt das gigantische US-Konjunkturpaket. 400 Milliarden Euro gibt Präsident Joe Biden für Klimaschutz und grüne Technologien wie Windanlagenproduktion, E-Autobatteriewerke oder klimaschonenden Zement aus. 80 Prozent der französischen und die Hälfte der deutschen Ökonomen erwarten, dass Unternehmen in die Vereinigten Staaten abwandern werden.

Als Joe Bidens Pläne bekannt wurden, erhob sich in Europa sofort Protest. Verständlich ist ja, dass die EU darauf drängt, dass ihr Partner USA auch europäische Firmen einbezieht. Beide sollten einen gemeinsamen Raum für Subventionen in grüne Technologien schaffen, die amerikanische und europäische Firmen erhalten, egal ob sie in den USA oder der EU produzieren. Proteste dagegen etwa aus China sind unbegründet, weil das Land bei seinen Subventionen ausländische Unternehmen ausschließt. Die grundsätzliche Kritik aus Europa am *Inflation Reduction Act* ist jedoch fehlgeleitet. Marktliberale beklagen, dass hier Industriepolitik betrieben wird. Genau darum geht es – zu Recht. Statt zu klagen, sollte sich Europa lieber ein Vorbild an Biden, der Jobdimension und der Effizienz seines Programms nehmen. Und seine Initiative als Weckruf begreifen, nach der Digitalisierung mit der Dekarbonisierung nicht auch noch das zweite Riesengeschäft an die USA zu verlieren.

Positiv ist, dass die Vereinigten Staaten mit dem grünen Plan zum ersten Mal überhaupt konsequent den Klimawandel bremsen. Unter Barack Obama blockierte der republikanische Kongress ein entsprechendes Gesetz. Donald Trump ignorierte die Erderwärmung ohnehin. Positiv ist auch, dass Biden bei den Ausgaben nicht kleckert, wie es die Deutschen oft tun, sondern klotzt. Er baut damit gezielt grüne Märkte mit Umsatzchancen für amerikanische Firmen auf. Und etabliert heimische Produktion von Umwelttechnik, um die Abhängigkeit von China zu brechen. Dabei schafft er – bisher kaum beachtet – ein Gegenmodell zum deutschen Solar-Desaster. Die Bundesrepublik pumpte viele Milliarden in erneuerbare Energien, deren Anlagen bald nicht mehr in Bitterfeld bei Uwe Schmorl, sondern in China hergestellt wurden, das die Konkurrenz mit WTO-widrigem Dumping verdrängt hatte. Biden dagegen fördert Umwelt-Jobs in Amerika, und zwar gezielt qualifizierte, gutbezahlte. Baut eine Firma Solar-, Wind- oder Wasserstoffanlagen, Ladestrukturen für E-Autos oder energieeffiziente Häuser, winken ihr zusätzliche finanzielle Vorteile, wenn sie gute Löhne zahlt. Damit macht der Präsident einen zentralen Punkt: Die Energie- und Klimawende sollte sich mehr um Arbeit, anständige Löhne und Wohlstand für alle drehen. So wird sie zum Instrument dagegen, dass die Arbeitslosigkeit steigt, sich Niedriglöhne verbreiten und die Spaltung in Arm und Reich weiter zunimmt. Der Fokus auf gute Arbeit und soziale Gerechtigkeit durchzieht Bidens Programm. «Regionale Löhne sollen nicht von Billiganbietern unterlaufen werden», stellte er zum Start klar. Zahlt die Firma weniger als zugesagt, «wird sie bestraft – und die Beschäftigten erhalten die Differenz zum guten Lohn, plus Zinsen.» Das ist doch mal eine Ansage an kostenminimierende Profitgeier.

Auch Deutschland und Europa sollten bei der Energie- und Klimawende auf gutbezahlte Arbeitsplätze drängen. Dem alten Kontinent würde es sogar leichter fallen, Bidens Agenda durchzusetzen. In den USA fehlen vielerorts starke Gewerkschaften, um breitflächig Tariflöhne durchzusetzen, die der Maßstab für «guten Lohn» sind. In Deutschland wird häufiger nach Tarif gezahlt als in den USA. Die Bundesrepublik eignet sich noch aus einem zweiten Grund besser dafür, qualifizierte grüne Jobs zu schaffen. Hier gibt es – anders als in den USA – eine verbreitete Tradition der Lehrlingsausbildung und beruflichen Weiterbildung. Das ist die beste Basis, um Menschen für technologisch anspruchsvolle Arbeit zu qualifizieren.

Europa sollte die guten Aspekte aus Bidens Grün-Plan aufnehmen. Dazu gehört der strategische Ansatz, etwas mit voller Wucht zu ändern. Die US-Regierung will das volkswirtschaftliche Produktionsvermögen mit gezielten Investitionen erhöhen und so «Amerikas Führerschaft in den Industriebereichen der Zukunft für viele Jahre stärken». Diesen strategischen Ansatz verfolgt auch China: Im 12. Fünfjahresplan legte die Regierung in Peking 2010 sieben strategische Umweltindustrien fest, die sie wirtschaftlich erobern wollte – und wie bei Wind und Sonne auch erobert hat. Die Wucht chinesischer Subventionen war positiv für den Klimaschutz, denn sie hat die Solarenergie um 90 Prozent verbilligt und Windenergie um 50 Prozent, rechnet der Harvard-Ökonom Dani Rodrik vor.

Der Ökonom Tom Krebs von der Uni Mannheim argumentiert, Bidens grüne Subventionen seien dem marktliberalen europäischen Ansatz grundsätzlich überlegen. Die Europäer wollen klimaschädliche Emissionen stoppen, indem sie diese vor allem durch CO_2-Preise verteuern. Der Markt soll es richten, dass weniger verschmutzt wird. «Aber Menschen werden nicht gerne bestraft», urteilt Krebs. Es gibt außerdem mächtige Interessen in der Wirtschaft, die die Verteuerung bremsen. Und in der Politik, was man daran sehen kann, wie Union oder FDP stets höhere Benzinpreise oder den Abbau klimaschädlicher Subventionen blockieren. In Wahlkämpfen sieht man stets Ministerpräsidenten, die an Tankstellen billigen Sprit fordern.

Joe Bidens Vorgehen bietet dagegen ein positives Narrativ: Wer grün investiert, wird belohnt. «Die Amerikaner verbilligen grüne Energie und Produkte wie E-Autos gegenüber brauner fossiler Energie und Verbrenner-Autos. Das versteht jeder Verbraucher sofort», lobt Moritz Schularick, Präsident des Instituts für Weltwirtschaft. «Das treibt die Transformation voran. In Europa versuchen wir das Gleiche zu erreichen, indem wir braune Energie über CO_2-Steuern verteuern. Es ist aber nicht sicher, dass wir das durchhalten.» Warum? Schularick verweist auf den Aufschrei von Industrie und Verbrauchern, als Putins Krieg Gas und Öl verteuerte. «Deshalb finde ich es gewagt zu denken, dass wir die Klima-Transformation allein durch höhere Preise erreichen. Der Ministerpräsident mit dem Selfie an der Tankstelle ist ein ernst zu nehmender politischer Faktor. Wir müssen gleichzeitig braune Energie teurer machen und grüne Energie stärker subventionieren. Wahrscheinlich kostet uns das am Ende ein paar Prozent Wirtschaftsleistung. Wenn Europa dafür fünf Jahre früher klimaneutral ist, ist es das wert.»

Zum Glück denken manche in Europa um. Die Deutsche Energieagentur empfiehlt, eine ähnliche Förderung wie in den USA zu prüfen. EU-Kommissions-Vize Frans Timmermans erklärt: «Industriepolitik ist das, was man machen muss, wenn man mitten in einer industriellen Revolution steckt.» Die Chinesen hätten es ja schon vor zehn Jahren vorgemacht. Die EU-Kommission will den nationalen Regierungen erlauben, Hersteller grüner Technologie stärker zu subventionieren. Sie plant einen gemeinsamen Finanztopf. 2030 sollen 40 Prozent grüner Produkte von Solar- und Windanlagen über Wärmepumpen und E-Autobatterien bis zu Wasserstofftechnik auf dem Kontinent hergestellt werden. Wer wie Chinas Solarhersteller einen Marktanteil von mehr als 65 Prozent hat, soll keine staatlichen Aufträge mehr erhalten. Das wäre ein guter Anfang – doch es ist unter den EU-Regierungen hochumstritten.

Ja, es stimmt, dass die EU etwa mit ihrem Corona-Wiederaufbauplan selbst bereits die grüne Transformation fördert. In der Realität gibt es allerdings Tücken. Vor allem ist es oft kompliziert. «Wir müssten mindestens vier Leute Vollzeit anstellen, um an solche Subventionen heranzukommen», sagt Vaitea Cowan, die ein Start-up gegründet hat, das Maschinen für Wasserstoff herstellt. Bis die Behörden entscheiden, kann es Monate bis Jahre dauern. Wer abgelehnt wird, erhält oft keine Begründung. US-Offizielle dagegen rufen an und bieten Subventionen an, erzählt Cowan: «Sie rollen den roten Teppich aus.» Wenn eine Firma in Europa Förderung erhalten will, ist sie an irre viele Regeln geknüpft, kritisiert die Energieökonomin Veronika Grimm. «In den USA gibt es einfach eine Steuererleichterung. Das beschleunigt die Entwicklung massiv.» Charmant ist auch, dass die Firmen bei Bidens Plan nicht einfach Geld erhalten, sondern sich etwas verdienen müssen, damit die Steuergutschriften sich richtig auswirken.

Deutschland und Europa haben einen weiten Weg zu gehen, um nicht von den USA und China abgehängt zu werden. Eine grüne Industriepolitik muss auch den Umbau klassischer Industrien wie Chemie oder Stahl fördern – und international stärker kooperieren, um genug grüne Import-Energie zu bekommen. Damit sie klimaschonend produzieren, müssen Energieschlucker-Branchen wie Chemie oder Stahl umstellen. Das erfordert gigantische Investitionen. Wirtschaftsminister Robert Habeck hat sich eine Hilfe ausgedacht: Mit Klimaschutzverträgen erhalten die Betriebe die Zusatzkosten, die der Umbau zu grüner Produktion verursacht. 70 Milliarden Euro soll das den Staat kosten. Das ist umstritten, aber gut investiertes Geld. Allerdings sollte billiges Gas als Übergang dienen. Dieser Plan ist seit dem russischen Angriffskrieg kaputt. Chemie- oder Stahlkonzerne mitsamt den Jobs könnten schneller abwandern, als es dauert, sie ökologisch umzubauen. Ein gefährliches Szenario. Die Chemiebranche produziert schon ein Viertel weniger als vor Ausbruch des Kriegs. Um diese Abwanderung zu stoppen, braucht es befristet einen günstigen Strompreis für die Industrie.

Im Umbauprozess werden nicht alle Jobs in Deutschland erhalten bleiben, sagt Veronika Grimm. «Aber wenn man grünen Ammoniak importiert, muss man deshalb nicht zwangsläufig auf den gesamten Chemiepark in Deutschland verzichten. Es müssen also nicht massenhaft Jobs verloren gehen.» Nur Wasserstoff bietet eine Chance, die Produktion von Gütern wie Stahl langfristig in Deutschland zu halten. Dabei geht es nicht nur um die Jobs, sondern auch um Souveränität. Thyssenkrupp mit 26 000 Beschäftigten etwa ist der letzte europäische Hersteller von Spezialmaterial für Transformatoren, die für die Energiewende unverzichtbar sind. Die anderen sitzen in Asien. Doch woher soll all der Wasserstoff kommen? Für die Industrie, aber auch, um etwa Gas bei der Stromerzeugung zu ersetzen?

Nur ein Drittel des Bedarfs lässt sich in der Bundesrepublik herstellen, schätzt Ökonomin Grimm: «Wir müssen also strategische Partnerschaften mit Ländern wie Australien, Kanada, Namibia, Brasilien oder Chile aufbauen.» Diese Partnerschaften versprechen Arbeitsplätze: «Es entstehen ja Jobs, wenn Solar-, Wind- oder Elektrolyseanlagen für Wasserstoff produziert werden.» In den meisten Ländern, aus denen Wasserstoff importiert werde, gebe es zudem zu wenig Expertise und zu wenig Firmen, die Technik liefern: «Der deutsche Maschinenbau ist gefragt, dort werden viele Arbeitsplätze entstehen.» Thyssenkrupp baut bereits für fast eine Milliarde Euro eine Anlage, mit der Saudi-Arabien Wasserstoff herstellen will.

Umsonst sind die Partnerschaften natürlich nicht. Um die nötigen Importmengen von Wasserstoff zu erhalten, muss man in geeigneten Ländern etwa 60 Milliarden Euro investieren. Aber diese Kooperationen machen die Bundesrepublik nicht nur unabhängiger von fossilen Drogen. Es hilft weltweit dem Klimaschutz, wenn andere Länder erneuerbare Energien ausbauen. Je mehr Anlagen, umso günstiger werden diese Energien. Und damit attraktiver als klimaschädliche Kohle und Gas, auf die noch viele Staaten setzen. In Europa und den USA dürften in wenigen Jahren unter zehn Prozent der Weltbevölkerung leben. «Die vielen Milliarden Menschen außerhalb der Industriestaaten wollen Wachstum, das können wir ihnen nicht verwehren», sagt Grimm. «Aber wenn sie ihren Wohlstand auf Basis fossiler Energien anstreben, können wir die Klimaziele vergessen.»

Die Bundesrepublik ist nur für zwei Prozent der globalen CO_2-Emissionen verantwortlich. Wenn sie jedoch ihre Industrie ökologisch umbaut, ohne Wachstum und Jobs zu opfern, liefert sie vielleicht ein Vorbild: Dass sich Wohlstand schaffen lässt, ohne Kohle und Gas zu verfeuern. Ein deindustrialisierter Klimaprimus dagegen würde Schwellenländer davon abschrecken, auf den ökologischen Pfad zu setzen. Mehr noch: Wandert die Industrie aus der Bundesrepublik ab, bläst sie woanders im Zweifel mehr CO_2 in die Luft, weil die Gesetze laxer sind.

Das alles lässt sich verhindern, wenn die Bundesrepublik ihre Industrie ökologisch *und* stark macht. Und dafür endlich Industriepolitik für eine grüne Revolution betreibt, die das Land unabhängig von Russland und China macht, klimafreundlich und jobreich – statt weitere Desaster zu produzieren wie jenes, das damals Uwe Schmorl und seine Hunderttausende Kollegen in der deutschen Solar-Industrie ereilt hat.

Damit kommt jetzt der Moment, um übers Geld zu reden. Klimaschutz, Erneuerbare, Industriepolitik, das kostet alles viel Geld.

Und das ist ein großes Thema in einer Zeit, in der die Verteidigungsausgaben angesichts der neuen Aggressoren wie Russland ansteigen sollen. In der es einer Großoffensive für bessere Bildung und andere Dinge bedarf. Und in der FDP-Finanzminister Christian Lindner auf die umstrittene Schuldenbremse pocht. Lassen sich alle diese Pläne überhaupt finanzieren?

Wie das Land kaputtgespart wird

Am Münchner Hauptbahnhof ist es an diesem Morgen saukalt. Was egal ist, weil ich nur mal eben von der U-Bahn zum Zug muss. Dann wird klar, dass es nicht bei ‹nur mal eben› bleibt. Der Zug in den Norden verspätet sich deutlich. Technische Probleme, die bahnüblich im Dunkeln gelassen werden. Durch den Bahnhof weht ein eisiger Wind. Ich rolle den Koffer zu Starbucks. Vor dem Coffeeshop stauen sich Reisende weit auf den Bahnsteig. Auf den Kaffee verzichten, um sofort im Innern von Starbucks dem Wind zu entgehen?

Es ist reiner Zufall, dass ich das Kapitel über Deutschlands Finanzbedarf an diesem Reisetag zu schreiben beginne. Oder? Nach einer halben Stunde Wartezeit bei der Pannen-Bahn bin ich nicht mehr sicher. Wer in Deutschland einen Zug besteigen will, wird häufig auf die Frage gestoßen, ob der Staat genug für seine Bürger ausgibt. Auch woanders fehlt Geld. Schulgebäude machen wegen Einsturzgefahr dicht. Von Klimaschutz und Energiewende war noch gar keine Rede. «Der Staat hat hunderte Milliarden Euro zu wenig investiert», bilanziert der Finanzwissenschaftler Achim Truger von der Uni Duisburg-Essen.

Michael Hüther vom Institut der deutschen Wirtschaft (IW) und Sebastian Dullien vom Institut für Makroökonomie (IMK) stellten bereits 2019 in einer Studie fest, der Staat investiere viel zu wenig. Das war erstaunlich, weil das IW von den Unternehmen finanziert wird und das IMK von den Gewerkschaften. Beide kriegen sich sonst bei allen Themen in die Haare. Diesmal waren sich ihre Direktoren einig: Der Staat hat einen Investitionsrückstand von über 450 Milliarden Euro – und soll über ein Jahrzehnt 50 Milliarden Euro mehr ausgeben. Pro Jahr. Die Deutschen haben einen Sparschock erlitten, der sie wirtschaftlich absteigen lässt.

Als der Zug endlich bereitsteht, gehe ich den Bahnsteig entlang.

Meine Reservierung ist in Wagen 21. Ab der Mitte des Zuges werden plötzlich alle Wagen als «Wagen null» angezeigt. Auch die Zugnummer ist verschwunden. Doch am Bahnsteig wird angezeigt, dass zwei Züge zusammengekoppelt sind. In welchem bin ich? Nach der Abfahrt kommt die Durchsage, dieser Zugteil fahre nach Oberhausen. Mist. Dann sagt die Stimme: «Dies ist der Zug nach Essen.» Da will ich hin. Aber wohin fährt mein Wagen denn jetzt? Erst nach einer bangen Stunde taucht ein Schaffner auf. Keine Sorge, das sei der Zugteil nach Essen. Doch noch mehrmals kommt die völlig verwirrende Durchsage: «Dieser Zugteil fährt nach Oberhausen. Dies ist der Zug nach Essen.»

Angela Merkel hat als Bundeskanzlerin den ausgeglichenen Haushalt zum Fetisch erhoben und das Land kaputtgespart. Die Ampel gibt offensiver Geld aus, etwa durch ein Sondervermögen fürs Klima. Aber reicht das?

Der Putin-Schock hat die Energie- und Klimawende noch drängender werden lassen. Die Beraterfirma EY rechnet vor, bis 2030 seien 600 Milliarden Euro nötig, vor allem für Wind, Solar und Stromnetze, um die Klimaziele zu erreichen. Geflossen seien 2021 weniger als neun Milliarden Euro, ein Bruchteil der nötigen Summe. Das Prognos-Institut rechnet vor, bis 2030 seien *Mehrinvestitionen* von 400 Milliarden Euro nötig. Ja, in diesen Rechnungen sind auch Ausgaben von Firmen enthalten. Aber auch in diesen Fällen wird der Staat oft als Anschub-Motor gebraucht. «Ein Großteil der für den Klimaschutz nötigen Investitionen hat keinen profitablen *Business Case*», betont Philippa Sigl-Glöckner von der Denkfabrik Dezernat Zukunft. «Damit die Unternehmen sie überhaupt tätigen, bedarf es öffentlicher Gelder.» Im Wahljahr 2021 bezifferte die Ökonomin die binnen zehn Jahren nötigen staatlichen Klimagelder auf 460 Milliarden Euro. Auch die Denkfabriken Forum New Economy und Agora Energiewende forderten eine solche Verdreifachung der Ausgaben. Nach dem Putin-Schock, der die Kosten massiv hochschraubt, schlug Agora eine zusätzliche Investitionsoffensive vor: 90 Milliarden Euro für die Produktion von Wind- und Solaranlagen, Strom- und Wasserstoffnetze, die Modernisierung der Industrie und Personal in den Behörden, die planen und genehmigen.

Die Klima- und Energiewende ist ja nicht die einzige Herausforderung durch den Putin-Schock. Die Bundeswehr muss so ausgerüstet werden, dass sie mit anderen Nationen einen Angriff auf Nato-Gebiet abwehren kann, sagt SPD-Verteidigungsminister Boris Pistorius. «Das klingt völlig aus der Zeit gefallen, und ich hätte nicht gedacht, dass ich das mit 62 sagen müsste. Aber es ist die Realität.» Das Sondervermögen für die Bundeswehr reicht nicht. Das Nato-Ziel, zwei Prozent der Wirtschaftsleistung für Verteidigung auszugeben, hat Deutschland verfehlt. Pistorius will den Etat um zehn Milliarden Euro aufstocken. Viele Nato-Nationen fordern, das Ziel auf drei Prozent zu erhöhen. Das wären für die Bundesrepublik noch einmal gut 40 Milliarden Euro obendrauf – pro Jahr.

Ich habe mit 19 den Wehrdienst verweigert und mag die Renaissance der Panzer nicht. Gibt es nach dem Putin-Schock eine vernünftige Alternative? Nein. Aber natürlich dürfen andere gesellschaftliche Aufgaben unter der Wiederaufrüstung nicht leiden. Etwa, jungen Menschen die bestmögliche Ausbildung zu finanzieren – und Arbeitnehmern die nötige Umqualifizierung. Unisono fordern Arbeitgeber und Gewerkschaften «deutlich höhere Investitionen in Bildung». SPD-Chefin Saskia Esken will nach dem Vorbild von Verteidigung und Klima auch für Bildung ein Sondervermögen von 100 Milliarden Euro schaffen. Eine Idee mit Charme. Weil Bildung die beste Versicherung gegen Arbeitslosigkeit ist, die der Staat finanzieren muss. Und weil der Nation bereits Mitte der 2030er Jahre sieben Millionen Arbeitskräfte fehlen (mehr im Kapitel *Wie das Land ins demografische Loch stürzt*). Massiven Investitionsbedarf gibt es auch in den Ländern und vor allem Kommunen, für Schulen oder öffentlichen Nahverkehr. Viele sind durch Altschulden blockiert, so dass seit Jahren notwendige Ausgaben unterbleiben.

Die Bahn bietet ein WLAN-Netz mit dem imposanten Titel WIFIonICE auf. Es funktioniert selten bis gar nicht. Warum nicht Bahn-

fahren durch standardmäßig gutes Internet attraktiver machen? Das ist nur eines der vielen Rätsel der Bahn von heute.

Immerhin gibt die Ampel-Koalition offensiver Geld aus als Angela Merkel. Die 16-Jahre-Kanzlerin erhob das Sparen, die schwarze Null im Haushalt, zu ihrem Markenkern. Von 2014 bis zur Corona-Krise produzierte sie sogar Überschüsse. Die ostdeutsche Physikerin mimte eine schwäbische Hausfrau, die jeden Cent mehrfach umdreht, bevor sie ihn ausgibt. Das kam bei vielen Bürgern gut an, aber es war schlecht fürs Land. Merkel rasierte Personalbestand und Ausgaben, so dass sich staatliche Leistungen verschlechterten und Schulen, Verkehrswege und Anderes verfielen. Das passte nicht zu den Bedürfnissen der Bürger:innen, aber zur neoliberalen Revolution seit den 1980er Jahren. US-Präsident Ronald Reagan und die britische Premierministerin Margaret Thatcher schwächten die Gewerkschaften, minimierten Steuern für Reiche und Firmen, kürzten Soziales – und sparten den Staat klein. Die Irrtümer des Neoliberalismus sind inzwischen enttarnt. Geschwächte Gewerkschaften holen nur noch für eine Minderheit der Arbeitnehmer Tariflöhne heraus. Steuersenkungen und soziale Kürzungen machen die westlichen Gesellschaften ungleicher. Und die staatlichen Nettoinvestitionen in Deutschland waren 20 Jahre negativ, analysiert der Ökonom Moritz Schularick. Es wurde also nicht mal der Verschleiß der Schienenwege, Schulgebäude und anderen staatlichen Kapitals ersetzt.

Die Ampel-Regierung gibt offensiver Geld aus als Angela Merkel. Aber sie hat mit Christian Lindner einen FDP-Finanzminister, der das Sparen ebenfalls zu seinem Markenkern erheben will. 2023 musste unbedingt wieder die Schuldenbremse eingehalten werden. Trotz Energiewende, Krieg und kaputter Infrastruktur. Trotz verlorener Jahrzehnte, die Moritz Schularick so beschrieben hat: «Wir haben drei Dekaden neoliberaler Attacken auf den Staat hinter uns. Die Schulen sind nicht in Ordnung, es fehlt an Polizisten und kein Zug fährt pünktlich.»

Der Zug hält mitten im Wald. Weichenstörung. In Dortmund kommt es dann zu einer größeren Signalstörung. Die Züge stauen sich zurück. Am nächsten Tag bleiben wir zwischen Wolfsburg und Berlin in einer Senke stehen. Die Minuten vergehen. Ein Auto mit dem Bahn-Logo fährt heran. Ist das gut oder schlecht? Dann fahren wir nach Berlin rein. Weichenstörung. Es ist die dritte in kaum mehr als 24 Stunden, Signalstörungen nicht mitgezählt. Der ICE darf nur Tempo 20. «Wenn es gut läuft, erreichen wir Berlin Hauptbahnhof mit 25 Minuten Verspätung.» Ein Mitreisender spricht ins Telefon, er komme leider zu spät zum Termin. Dabei habe er ohnehin spontan einen Zug früher genommen, weil sein geplanter Zug schon vorm Start 45 Minuten Verspätung hatte. Aber man sehe sich doch gleich? Ach so, der dritte Teilnehmer beim anvisierten Treffen. «Oh nein, ich habe seine Handynummer nicht.»

Tom Krebs und Agora Energiewende forderten nach der Wahl von der neuen Ampel-Regierung hohe Investitionen. Mit der Schuldenbremse würden diese nicht möglich sein. Also schlugen sie Umwege vor, die Schuldenbremse zu umgehen. Aber was soll ein finanzielles Korsett, wenn es sinnvolle Investitionen verhindert?

Die Schuldenbremse wurde nach der Finanzkrise 2008 in der Verfassung verankert. Die Bundesrepublik wollte demonstrieren, dass bei ihr die Schulden nicht ausufern wie in Griechenland. Die Bundesländer haben gar keinen Verschuldungsspielraum mehr. Die Bundesregierung darf nur ein Defizit von 0,35 Prozent der Wirtschaftsleistung machen. Ökonomisch begründen lässt sich das nicht. Hält die Regierung die 0,35 Prozent ein, schrumpft die Schuldenquote bei wachsender Wirtschaft immer weiter. Bei normalem Wachstum bis auf zwölf Prozent, rechnet Achim Truger vor: «Dass eine solch niedrige Schuldenquote irgendwie ökonomisch sinnvoll ist, behaupten nicht einmal die eingefleischtesten Schuldenskeptiker.» Die EU-Regeln sehen 60 Prozent vor.

Das Argument der Sparfreunde, der Staat müsse eben an anderer Stelle drastisch sparen, zieht nicht. Der Sozialstaat ist dazu da, Lebensrisiken abzusichern. Wird er zusammengekürzt, leiden Menschen. Arm durch Arbeitslosigkeit, arm durch Kinder, arm im Alter, damit sich Klimaschutz finanzieren lässt? Das ist eine spannende politische Botschaft. Es wird an manchen Stellen sogar mehr sozialen Ausgleich brauchen, weil sich durch die Klimawende Arbeitnehmer umqualifizieren und fossile Autos oder Heizungen ersetzt werden müssen. Wer mit Mitte 40 umschult und eine Familie hat, muss von irgendwas leben. Geringverdiener und kinderreiche Familien können das Ersetzen alter Diesel und Gasheizungen kaum bezahlen.

Die Ampel-Regierung hat den Streit um die richtige Finanzpolitik vertagt, indem sie die Schuldenbremse umgeht. SPD und Grüne bekommen durch die Sondervermögen zumindest einen Teil ihrer gewünschten Ausgaben. Die Gefahr bei diesen Umgehungen ist, dass sie Umgehungen sind. Eigentlich gilt die Schuldenbremse. Sie kann jederzeit eingefordert werden. Sinnvolle Ausgaben unterbleiben dann. In dieser Situation ist die Bundesrepublik jetzt. Im Etat 2024 wird gespart. Und so wird es weitergehen.

Um die Schuldenbremse abzuschaffen, bedarf es im Bundestag einer Mehrheit von zwei Dritteln. Diese gibt es derzeit nicht. Eine Mehrheit braucht es auch für Veränderungen. Etwa durch eine goldene Regel, wonach Schulden in Höhe der Investitionen erlaubt sind. «Unsere Wettbewerbsfähigkeit hängt von der Weiterentwicklung der Infrastruktur und der Bildung sowie der Entwicklung von Zukunftstechnologien ab. In allem ist der Investitionsbedarf groß», sagt Bertram Brossardt, Geschäftsführer der Vereinigung der Bayerischen Wirtschaft. «Die fehlende Ausrichtung der Schuldenbremse auf Zukunftsinvestitionen ist ein unhaltbarer Zustand.»

Irgendetwas müssen die Deutschen tun. Der riesige Müllberg der Schuldenbremse versperrt den Weg in die Zukunft. In dieser Zukunft braucht es Verteidigung, Bildung, Klimawende und eine modernisierte Wirtschaft. «Die Ampel muss mehr Geld ausgeben, gleichzeitig an der falsch konzipierten Schuldenbremse festhalten und wegen der FDP auf Steuererhöhungen verzichten. Solch eine finanzpolitische Lebenslüge kann nicht die Basis einer verantwortungsvollen Politik sein», wettert Bert Rürup, Ex-Chef der Wirtschaftsweisen.

Es springt einen geradezu an, dass eine Rückkehr des Staates und der Investitionen sinnvoll ist. Wie sonst sollen gesellschaftliche Ziele wie Klimaschutz und ökologischer Umbau der Industriejobs, sichere Energieversorgung, Verteidigung gegen militärische Aggression oder mehr Bildung als wirtschaftliche Basis eines rohstoffarmen Landes erreicht werden? Was wären die Alternativen? Verwüstung des Planeten, Massenarbeitslosigkeit, Energie-Abhängigkeit von Diktatoren, Verlust der Freiheit und Personalmangel. Bis der heilige Markt diese Probleme von alleine löst oder Unternehmen das nötige Geld von selber ausgeben, kann man lange warten.

Mit den nötigen Investitionen sollte zugleich die Gestaltungsmacht des Staates zurückkehren. «Das Haupterbe des Neoliberalismus ist, dass er den Anspruch des Staates negiert, zu planen und zu steuern», sagt Achim Truger, der die Regierung als Wirtschaftsweiser berät. «Als würde es unsere Probleme lösen, den Staat kleinzuhalten. Dabei ist das neoliberale Mantra des Marktes doch schon überholt.» Natürlich, Märkte organisieren den wirtschaftlichen Austausch von Bürgern und Firmen weitaus effizienter als der Sozialismus es je vermochte. Aber sie sind kein Naturgesetz. Ganz viel vom Neoliberalismus ist schon diskreditiert. Seine forcierte Deregulierung durch die Finanzkrise 2008, als von Kontroll-Gesetzen befreite Investoren und Banker die Wirtschaft in ein 60-Jahres-Loch abstürzen ließen. Seine Marktgläubigkeit durch Niedriglöhne und fehlende Wohnungen. Sein Privatisierungswahn durch schlechte, aber teure privatisierte Dienstleistungen. Bleibt der neoliberale Impetus, der Staat dürfe kein Geld ausgeben. Ihm verdankt Deutschland seinen heutigen Zustand.

«Ab den Nullerjahren wurden die Investitionshaushalte ausgequetscht», urteilt Stefan Kooths vom Institut für Weltwirtschaft. «Erst am Ende der 2010er Jahre begann man, die Kurve zu kratzen und mehr zu investieren.» Im Sparfieber ging die Politik von falschen Voraussetzungen aus. Bei öffentlichen Gebäuden wird kalkulatorisch angenommen, dass sie 200 Jahre lang halten. Was illusorisch ist. «Ich kenne keine Firma, die Gebäude so herunterkommen lässt, dass sie neu gebaut werden müssen», kritisiert Kooths. «Aber beim Staat ist es oft so.» Bei den digitalen Netzen stellte sich die Politik tot, als sei nicht absehbar, wie sehr diese gebraucht werden. Die Auktion der Mobilfunk-Lizenzen missbrauchte man als Cash-Kuh. Die in den 1960er und 70er Jahren viel gebauten Straßenbrücken rotten ihrem Ende entgegen. «Wenn Politiker eine neue Brücke eröffnen, können sie das politisch gut verkaufen», ätzt Kooths. «Wenn sie sie sanieren, können sie das nicht verkaufen. Während der Verkehr zugenommen hat, wuchs die Infrastruktur nicht mit.»

Die Unternehmen sind längst ungeduldig geworden. «Funklöcher, Kabelausbau, Breitband, vieles wird seit Jahrzehnten diskutiert, aber echte Fortschritte bleiben aus», klagt Gabriele Hässig, Managerin beim US-Konzern Procter & Gamble. «Straßen, Brücken, Eisenbahn, die Liste ist lang. Eine S-Bahn in meiner Heimat wird zum Generationsvorhaben.»

Am nächsten Tag fällt der Zug in den Südwesten aus. Reparaturen. Die Reservierung ist verloren. Die Bahn-App warnt vor «hoher Auslastung» der alternativen Züge. Die Zugverbindung vorher wurde komplett gestrichen. Hunderte Reisende drängen sich auf dem Bahnsteig. Jetzt irgendwie schnell in den Zug, um einen Sitzplatz zu ergattern. Schließlich dauert die Fahrt mehr als sechs Stunden. Ich finde einen Platz. Andere stehen und sitzen im Gang, stundenlang.

Die Deutsche Bahn ist ein besonderer Fall von Staatsversagen. Die Bahn hat kürzlich erstmals intern ihr mehr als 30 000 Kilometer langes Netz mit Schulnoten bewertet. Dabei verzichtete sie in der Skala vorsichtshalber auf die Note sechs. Durchgefallen ist sie trotzdem. Eine vier (schlecht) oder fünf (unzureichend, Lebensdauer überschritten oder beeinträchtigt den Betrieb) erhielten jedes vierte Gleis, jede vierte Weiche oder Oberleitung – und jedes zweite Stellwerk. Das sind weit schlechtere Noten als in Österreich oder der Schweiz. In besonders schlechtem Zustand sind ausgerechnet die Strecken in Deutschland, auf denen die meisten Züge fahren. «Das deutsche Schienennetz ist in Teilen zu alt, zu störanfällig und zu klein», bilanziert der zuständige Bahn-Vorstand. Er spricht von

Generalsanierung und Unterfinanzierung. Die Bahn hat insgesamt 100 Milliarden Euro zusätzlichen Finanzbedarf angemeldet. In der Schweiz gelten Züge bereits ab drei Minuten als verspätet, fahren aber zu 91 Prozent pünktlich. In Deutschland gelten Züge erst ab sechs Minuten als verspätet, fahren aber nur zu 75 Prozent pünktlich – und auf Fernstrecken oft nur zu 60 Prozent. «Die Unpünktlichkeit der Bahn liegt wesentlich am Verschleiß des Netzes», sagt Stefan Kooths. Die Sanierung dauere mindestens zehn Jahre. In der Zeit werden Strecken wie Berlin-Hamburg vorübergehend stillgelegt, was es für Reisende noch schwieriger macht. FDP-Verkehrsminister Volker Wissing hat eine Strategie und viel Geld angekündigt. Der Bundesrechnungshof wirft der Regierung vor, sie sei «weit entfernt davon, die Probleme in den Griff zu bekommen». Die Umwelt-Ziele zu erreichen, sei unrealistisch. So sollen bis 2030 100 Prozent mehr Menschen befördert und im Güterverkehr 25 Prozent Marktanteil erreicht werden. Doch binnen 25 Jahren ist die Verkehrsleistung bei Personen um gerade mal 28 Prozent gestiegen. Im Güterverkehr stagnierte der Marktanteil praktisch. «Die Vorstellung, mehr über die Schiene zu transportieren, ist illusorisch», sagt Kooths. «Heute fahren ICEs hinter Güterzügen her.» Dass es außer am Geld auch an Missmanagement und neoliberalen Phantasien liegt, macht die Sache nicht besser. «Viele Probleme der Bahn entstanden daraus, dass man nur schwach investiert hat und privatisieren wollte», urteilt Tom Krebs.

Welchen Nutzen hat das neoliberale Sparmantra? Ein beliebtes Argument ist, man hinterlasse künftigen Generationen sonst zu viele Schulden. Aber das sticht in Zeiten der Klimawende nicht, findet etwa Bert Rürup: «Warum soll der teure Umbau hin zu erneuerbaren Energien nicht teilweise über Schulden finanziert werden, wenn doch die Nutznießer dieser Energiewende vor allem kommende Generationen sein werden. Sie werden von sauberen, billigen und unbegrenzt verfügbaren Energiequellen profitieren.» Falsch ist die Vorstellung, kommende Generationen würden überlastet, weil sie all die Schulden zurückzahlen müssten. «Für Staaten besteht grundsätzlich wenig Notwendigkeit, Schulden tatsächlich zurückzuzahlen.» Es reiche aus, wenn die Gläubiger nicht zweifeln, dass ein Staat seine Zinsen bezahlt. Woran es angesichts der moderaten deutschen Schulden nie Zweifel gab.

Die Anhänger des Sparmantras behaupten, Deutschland werde unsolide. Die Verbindlichkeiten sammelten sich zur Lawine. Doch wo? Die Bundesrepublik wirtschaftet langfristig solide. Sicher, wer nur die absoluten Schulden in Euro betrachtet, sieht eine Kurve, die stetig nach oben zeigt. Aber das sagt gar nichts aus. Bedeutung hat nur die Schuldenquote, also die staatlichen Schulden im Verhältnis zur Wirtschaftsleistung. Denn mit der wirtschaftlichen Leistung wachsen die Aufgaben des Staates, so dass er mehr ausgibt. Gleichzeitig steht den Schulden dann eine höhere Wirtschaftskraft gegenüber, aus der Steuern fließen, mit denen die Schulden finanziert werden. Betrachtet man die deutsche Schuldenquote, bewegt sie sich kaum (siehe Grafik).

Ohnehin haben sich Absolutheiten der Sparfanatiker in Luft aufgelöst. Die US-Ökonomen Carmen Reinhart und Ken Rogoff berechneten eine allgemeingültige Grenze: Steige die Schuldenquote über 90 Prozent der Wirtschaftsleistung, breche die Wirtschaft ein. Damit begründeten Politiker wie CDU-Finanzminister Wolfgang Schäuble den Sparkurs für Südeuropa in der Eurokrise. Dann wurde bekannt, dass sich Reinhart und Rogoff verrechnet haben. Es gibt keine allgemeingültige Schuldengrenze von 90 Prozent. Das Beispiel der USA, die öfter höhere Schuldenquoten aufweisen, hätte das schon vorher klar machen müssen.

Das bedeutet nicht, dass sich jedes Land gefahrlos verschulden kann, wie es möchte. Griechenland brachte sich in den Nullerjahren durch einen Mix aus übermäßigen Ausgaben, Steuersenkungen und wirtschaftlicher Schwäche in die Bredouille. Nachdem ich 2004 in der Süddeutschen Zeitung aufgedeckt hatte, dass das Land überhaupt nur durch Defizitmanipulationen in die Eurozone aufgenommen wurde und danach munter weitermachte, unterblieben in der EU leider politische Konsequenzen. Nach der Finanzkrise 2008

Von wegen Schuldenlawine

Schulden des deutschen Staates in Relation zur Wirtschaftsleistung

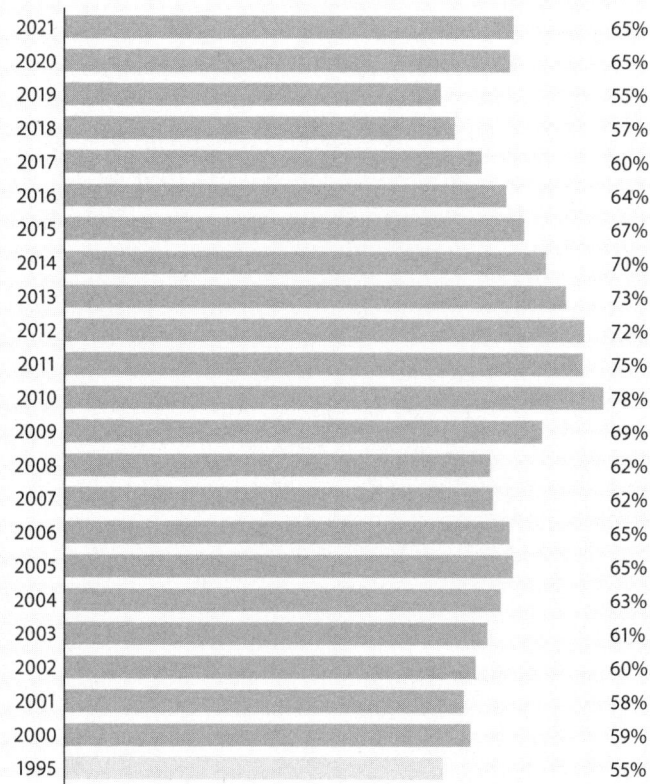

2021	65%
2020	65%
2019	55%
2018	57%
2017	60%
2016	64%
2015	67%
2014	70%
2013	73%
2012	72%
2011	75%
2010	78%
2009	69%
2008	62%
2007	62%
2006	65%
2005	65%
2004	63%
2003	61%
2002	60%
2001	58%
2000	59%
1995	55%

Quelle: Bundesfinanzministerium, Statistisches Bundesamt

dann entzogen die Investoren dem Land das Vertrauen. Heute drücken das Land immer noch hohe Schulden. Doch von solchen Zu-
ständen ist die Bundesrepublik meilenweit entfernt. Achim Truger
rechnet vor, dass sie höhere Investitionen schultern kann. Wenn
über Schulden 1,5 Prozent der Wirtschaftsleistung mehr investiert
wird, wären das 60 Milliarden Euro im Jahr. Wächst die Wirtschaft
real um ein Prozent pro Jahr, weniger als im langfristigen Schnitt,
und steigen die Preise um gewöhnliche zwei Prozent, würde die

deutsche Schuldenquote von heute 66 Prozent sogar nach und nach sinken.

Außerdem sind die Zinsen seit längerer Zeit niedriger, als sie es Jahrzehnte waren. Das gilt auch nach den jüngsten Leitzinsanhebungen wegen der Inflation. Der Zinsschwund liegt etwa an der Alterung der westlichen Gesellschaften. Gesetzliche Renten sichern nur einen deutlich geringeren Teil des Lebensstandards als früher: wer sein Ausgabenniveau auch nur annähernd halten will, muss mehr sparen. Diese Ersparnisschwemme drückt die Zinsen langfristig um ein bis zwei Prozent, rechnet EZB-Chefvolkswirt Philipp Lane vor. Auch dass westliche Industrienationen weniger wachsen und ihre Firmen dadurch weniger Kapital nachfragen, drückt die Zinsen. Die Bundesrepublik kann also ihre Schulden günstiger finanzieren als früher – und zusätzliche Investitionen solide bezahlen. Wie solide ein Etat ist, hängt weniger von den Schulden ab als vom Anteil der Zinsausgaben am Steueraufkommen, das dafür steht, wie viel der Staat einnimmt. Mitte der 1990er Jahre lag diese Zins-Steuer-Quote noch bei 15 Prozent. Inzwischen liegt sie bei rund drei Prozent.

Natürlich muss man Mehrinvestitionen nicht nur über Schulden finanzieren. Es lassen sich auch Einnahmen einsetzen. Allein die klimaschädlichen Subventionen zu streichen, würde 65 Milliarden Euro im Jahr bringen: Dienstwagen werden pauschal besteuert (drei Milliarden), internationale Flüge von der Mehrwertsteuer befreit (vier Milliarden Euro), Kerosin für Flüge von der Energiesteuer (acht Milliarden). Einnahmen versprechen auch Umweltsteuern. Während Deutschland die Klimawende anpeilt, ist interessant zu wissen, dass umweltbezogene Steuern und Gebühren immer weniger zu den Staatseinnahmen beitragen. Sie bringen weniger als vor 20 Jahren. Auch die Bürger mit den höchsten Einkommen und Vermögen, die Gewinner der Ungleichheit, können mehr zur Gesellschaft beitragen. Mehr dazu im Kapitel *Wohlstand für wirklich alle.*

Außerdem sind Investitionen, die über Schulden finanziert

werden, ja kein Selbstzweck. Sie erhöhen das Wachstum oder vermeiden andere Ausgaben – und finanzieren sich deshalb zum Teil selbst. Das Prognos-Institut rechnet vor, dass ein schnellerer Ausbau der erneuerbaren Energien die Wirtschaftsleistung um vier Prozent erhöhen würde. Jedes Prozent mehr für Forschung erhöht langfristig das Wirtschaftswachstum. Wenn mehr in Bildung investiert wird, erhalten jene Schüler eine Chance, die bisher durch den Rost fallen. Ein Berufsabschluss macht es wahrscheinlicher, dass sie Arbeit finden sowie Steuern und Sozialabgaben zahlen, statt dass ihre Arbeitslosigkeit finanziert werden muss.

Mehr staatliche Investitionen in Deutschland sind notwendig, sie sind finanzierbar – und sie werden das Leben der 80 Millionen Bürger durchgreifend verbessern. Es wird Zeit, sich nicht länger durch neoliberale Einflüsse davon abhalten zu lassen, gesellschaftlich zu gestalten. Es wird Zeit, diesen Gestaltungsanspruch durchzusetzen: Für eine klimafreundliche Zukunft mit bestmöglicher Bildung, gutbezahlten Arbeitsplätzen, pünktlichen Zügen und vielem mehr. Neoliberal den Staat zu schrumpfen und damit Steuern für Reiche zu senken, löst die Probleme des Landes nicht. Die Reichen bauen dann noch mehr Luxuswohnungen. Die Probleme bleiben.

Es war der Brite John Maynard Keynes, der den Staat als Akteur in der Krise auf der globalen Landkarte etablierte. Als die Regierungen in den 1930er Jahren die dramatische Weltwirtschaftskrise geschehen ließen, erfand Keynes die aktive Konjunkturpolitik: Der Staat soll Geld ausgeben, damit die ausfallende Nachfrage der Bürger und Firmen die Krise nicht eskalieren lässt. Nach dem Zweiten Weltkrieg wurde Keynes von manchen Regierungen vulgarisiert: Der Staat machte mitunter ständig Schulden, um Geld für alles Mögliche auszugeben. Ohne die Etatdefizite in guten Zeiten zu reduzieren, so wie Keynes will. Die neoliberale Gegenbewegung der 1980er Jahre erledigte mit den politischen Vulgarisierungen gleich den ganzen Keynes: Der Staat sollte nicht nur in guten Zeiten seine Ausgaben beschränken, sondern immer und überall.

In der Abwehr von Wirtschaftseinbrüchen wie dem Finanzcrash

2008 oder der Corona-Krise sind die Regierungen zu Keynes zurückgekehrt. Nun wird es Zeit, den Staat auch anderweitig als Akteur zu entdecken – als Investitionsstaat. Zur Abwehr des wirtschaftlichen Abstiegs, wie ihn ein Mangel an Investitionen auslöst, der fossile Teuerenergie, die Abwanderung von Industriejobs und eine kaputte Infrastruktur betoniert.

Keynes hat dazu Entscheidendes gesagt. Im Zweiten Weltkrieg entdeckte er als erster Ökonom das Radio als Weltbühne und verbreitete seine Ideen etwa über den Wiederaufbau Großbritanniens über die BBC. Im Streit mit einem Freund, der den Staat auf Sparflamme setzen wollte, plädierte John Maynard Keynes für entschiedene Investitionen in die Zukunft: «Wo wir aber Ressourcen verbrauchen, lassen Sie uns das nicht im Geiste jener scheußlichen Doktrin des 19. Jahrhunderts tun, wonach der Nutzen eines Bauvorhabens sich allein in Pfunden, Schillingen und Pennys bemesse und es keinen anderen Wertmaßstab als diesen gibt. Denn das können wir uns ganz sicher leisten, und noch vieles mehr. Alles, was wir tatsächlich zustande bringen, können wir uns leisten. Einmal geschaffen, ist es da. Nichts kann es uns wegnehmen. Wir sind unermesslich reicher als unsere Vorfahren. Unser gemeinsames Handeln müsste schon von irgendwelchen Spitzfindigkeiten und Irrtümern beherrscht sein, wenn wir uns bei den Verschönerungen des Lebens so viel geiziger erweisen als jene.»

Am vierten und letzten Reisetag fällt die direkte Verbindung zurück nach München morgens aus. Ersatzlos. Die Reservierung ist weg. Die Bahn-App warnt vor «hoher Auslastung» der alternativen Verbindungen. Ich weiß schon, was das heißen wird: Volle Abteile, Menschen, die auf dem Boden sitzen, was ich ohne Reservierung vielleicht auch muss. Ich prüfe die Zugverbindungen. Statt direkt zu fahren, muss ich zwei Mal in Regionalzüge umsteigen. Es dauert Stunden länger. Nach vier Tagen in der Pannenbahn bin ich sooo müde. Als ich in München ankomme, höre ich die Durchsage: «Vielen Dank und auf Wiedersehen im ICE der Deutschen Bahn.»

Millionen gutbezahlte Jobs halten und schaffen

Wenn die Deutschen ins Autohaus gehen, entdecken sie neue Marken: Nio, Ora, BYD. Die Fahrzeuge sind ansprechend gestaltet. Sie fahren elektrisch, worin die Zukunft liegt. Und sie kosten tausende Euro weniger als vergleichbare deutsche Wagen. Chinesische Firmen wie BYD, kurz für *Build your dreams,* erfüllen manchem den Traum vom günstigen Elektroauto.

Ausgerechnet Autos. Die Deutschen haben sich daran gewöhnt, dass immer mehr Produkte aus China kommen, von Spielzeug über Pillen bis zu Corona-Tests. Aber ausgerechnet Autos? Das Auto wurde maßgeblich in Deutschland erfunden, von Gottfried Daimler und Carl Benz vor 150 Jahren. Deutsche Hersteller haben Weltruhm erlangt. Ihre Innovation und Qualität schuf Milliardenumsätze und Millionen Arbeitsplätze. Diese Spitzenposition wollten chinesische Firmen, *Build your dreams,* schon vor Jahren erreichen. Aber sie blamierten sich mit Sicherheitsmängeln und Qualitätsproblemen. Inzwischen verkauft BYD in manchen Monaten weltweit mehr E-Autos als Tesla, die lange unangefochtene Nummer eins.

Muss dieser Spitzenkampf deutsche Hersteller kümmern? Sie konnten in der allgemeinen Inflation hohe Preise durchsetzen. Volkswagen hat 2022 13 Milliarden Euro verdient, BMW 18 Milliarden. Das ist prima, außer fürs Klima. Die Gewinne wurden mit Verbrenner-Autos erzielt, die bald der Vergangenheit angehören. Die deutschen Marken machen ihre Rekordgewinne mit der Vergangenheit. Was heißt das für die Zukunft einer Industrie, die hierzulande eine Million überdurchschnittlich bezahlte Jobs stellt, bei Herstellern, Zulieferern und anderen Betrieben?

Als Gottfried Daimler und Carl Benz vor 150 Jahren das Auto erfanden, war das etwas völlig Neues. Jahrtausendelang hatten Pferde oder Menschen den Wagen gezogen. Jetzt bewegte sich das Ding durch den Verbrennungsmotor selbst. Zeitgenossen empfanden das als Wunder. Aber auch Wunder kommen in die Jahre. *Build your dreams*: Mit der über Jahrzehnte perfektionierten Verbrennertechnik schienen deutsche Hersteller für chinesische Newcomer wie BYD unerreichbar. Doch jetzt macht der Klimawandel den Elektromotor alternativlos. Elon Musk stieg schon vor 20 Jahren bei Tesla ein. Deutsche Hersteller haben die größte Zeitenwende seit Erfindung des Autos in Baden-Württemberg verschlafen. 2023 verloren sie ihre jahrzehntelange Spitzenposition in China, dem größten Automarkt der Welt. Dort ist jeder vierte Neuwagen ein E-Wagen. Unter den 20 meistverkauften Modellen findet sich nur ein europäisches. Baden-Württemberg, Geburtsstätte des Autos, warb für sich einst mit dem Spruch: «Wir können alles außer Hochdeutsch!».

Wir können alles außer Elektroautos.

Dabei ist das Aus des Verbrennungsmotors ja beschlossen.

Das riecht nach Abstieg in einem ganz zentralen Bereich. Die Autobranche ist die Vorzeigeindustrie eines Landes, in dem Industrie einen weit größeren Anteil der Wirtschaftsleistung liefert als in den USA, Großbritannien oder Frankreich. Diese Vorzeigeindustrie wankt, mit dramatischen Konsequenzen für den Wohlstand.

Der Angriff der Chinesen folgt auf die Niederlage gegen Tesla. Die stolzen deutschen Hersteller ließen sich bereits vom Auto-Didakten Elon Musk überholen, der zuvor sein Geld mit einem Bezahldienst verdiente. Heute hat Tesla einen globalen E-Auto-Marktanteil von über 50 Prozent, gefolgt von chinesischen Herstellern. Der Konzern verdient 12 Milliarden Dollar im Jahr. Während die deutschen Hersteller ihre Rekordgewinne mit der Vergangenheit machen, macht Elon Musk sie mit der Zukunft.

Natürlich geloben VW, BMW und Daimler seit Jahren, bei E-Autos Spitze zu werden. Sie tun inzwischen auch etwas dafür. Doch sie geben das Segment der Klein- und Mittelklassewagen kampflos an die Konkurrenten, um mit teuren «Premium»-Autos mehr zu verdienen. Aber wird ihr Premiumbereich wirklich unangetastet bleiben, da BYD oder Geely im Innovationsranking des

Center of Automotive Management inzwischen vor BMW liegen? Der Chef des Auto-Vergleichsportals Carwow urteilt, chinesische Marken hätten bei der Elektro-Technologie «mehrere Jahre Vorsprung vor deutschen Herstellern». Ein Satz wie ein Peitschenhieb für die selbstzufriedenen Erfinder des Autos.

VW, BMW und Mercedes produzieren auf ihrem Heimatkontinent inzwischen eine halbe Million Autos weniger als vor der Pandemie. Noch vor kurzem stellten in Deutschland 450 000 Beschäftigte Autos und Laster mit Verbrennungsmotoren her. Noch produzieren die Hersteller sowohl Modelle mit Verbrennern wie mit Elektroantrieb. «Mit dem Abbau dieser Doppelstrukturen wird sich der Beschäftigungsabbau in den kommenden Jahren weiter beschleunigen», sagt Oliver Falck vom Ifo-Institut. Ausgleichen lässt sich das durch Batteriefertigung, Software-Dienstleistungen oder digitale Geschäftsmodelle. Aber nur, wenn deutsche Unternehmen in der Mobilität der Zukunft stark werden.

«Die Branche ist für mich ein echtes Sorgenkind», urteilt Michael Böhmer vom Analyseinstitut Prognos. «Niemand kann wissen, ob sie die Transformation schaffen oder ob Tesla und die Chinesen davonziehen. Tesla hat die Revolution geschafft, dass der Kern des Autos nicht der Motor, sondern die Software ist. Die Frage ist, ob die deutschen Unternehmen bei der Software aufholen. Ihr ganzes Mindset muss anders werden: Wichtig sind nicht mehr acht Zylinder, sondern die Vernetzung.» Digitale Vernetzung, Kommunikations- und Unterhaltungstechnik, Autopiloten: Künftig könnte das Geld in der Multi-Milliarden-Branche vor allem mit Software statt dem heiligem Blechle verdient werden. Dann heißen die Konkurrenten nicht nur BYD und Tesla, sondern plötzlich auch Apple, Google & Co. «Die deutschen Hersteller haben die Elektromobilität verschlafen», kritisiert die Wirtschaftsweise Monika Schnitzer. «Jetzt bieten sie keine kleinen Elektroautos an, sondern überlassen diesen Markt den Chinesen. Und die Software, mit der bei Autos künftig das Geld verdient wird, funktioniert in Autos deutscher Hersteller auch nicht richtig.»

Die Autobranche wirft ein grelles Schlaglicht auf die Bedeutung der deutschen Industrie mit ihren Millionen Arbeitsplätzen. Die Branche besteht nicht nur aus Autoherstellern, sondern auch aus unzähligen anderen Betrieben wie Zulieferern, die ebenfalls mit dem Verbrenner groß wurden. Von vielen kleinen Betrieben bis zu Weltkonzernen wie Bosch, ZF oder Schaeffler-Conti. Und die Industrie besteht nicht nur aus der Autobranche, sondern auch aus weiteren Vorzeigebranchen wie Chemie und Maschinenbau. Die klassische Chemie mit Branchenriesen wie BASF droht durch hohe Energiekosten zumindest teilweise abzuwandern. Pharmahersteller wie Bayer, Fresenius, Boehringer-Ingelheim, Merck oder B. Braun erleben zunehmend harte Konkurrenz aus Asien. Die Liste lässt sich fortsetzen. Etwa mit dem Maschinenbau, einer Schlüsselbranche mit einer Million Beschäftigten. Das sind so viele Jobs wie in der Autobranche, die in der Öffentlichkeit weit mehr beachtet wird. Die Maschinenbauer, eine Riesenschar oft kleiner Tüftelbetriebe, müssen die Zeitenwende der Digitalisierung umsetzen. Sie verlieren aber bei neuer Technik wie dem 3-D-Druck an Boden (siehe Kapitel *Deutschland digitaler*). Und in der Solar- und Windtechnik haben sie das längst getan.

Am Maschinenbau zeigt sich, dass die deutsche Exportstärke, die einen guten Teil unseres Wohlstands erklärt, auf der bisherigen Industriestärke beruht. Die Exporte tragen fast die Hälfte zur deutschen Wirtschaftsleistung bei, weit mehr als in fast allen großen Industrienationen. Was wird da exportiert? Meist Industrieprodukte wie Autos, Chemie, Maschinen. 80 Prozent der Maschinen und Anlagen, die Deutschland produziert, verkauft es ins Ausland. Industrie- und Exportstärke gehören zusammen. Geht eine verloren, geht auch die andere verloren. Denn beim Export von Dienstleistungen sind andere Wirtschaftsnationen vorne, die USA mit ihren Digitalkonzernen oder Großbritannien. Für exportierende deutsche Industriebetriebe wird die internationale Konkurrenz zunehmend härter. Ob bei Autos, Chemie, Pharma oder Maschinen. «China holt bei einfachen Maschinen, zunehmend aber auch bei Hightechlösungen und im Premiumsegment auf», analysiert die staatliche deutsche Außenwirtschaftsagentur GTAI. Das ist eine Kampfansage. Die Bundesrepublik erzielt jeden sechsten Export-Euro mit Maschinen und Anlagen. Seit China zur Jahrtausendwende der Welthandelsorganisation beitrat und sich so die westlichen Märkte öffneten, hat es seinen Anteil an den Maschinenexporten versiebenfacht. Während die Anteile der USA und Japan sich halbierten, hält Deutschland die Stellung. Aber nicht mehr als Exportweltmeister. Diesen Titel hat China erobert.

Maschinen und Anlagen, Chemie, Pharma, Autos: Die Industrie ist eine Säule des deutschen Wohlstands. Sie liefert 27 Prozent der Wirtschaftsleistung. In allen übrigen, ja: Industrie-Staaten sind es unter 20 Prozent.

Industrierepublik Deutschland
Anteil der Industrie an der Wirtschaftsleistung 2021

Quelle: Weltbank

Manche Politiker in Großbritannien oder den USA vernachlässigten den vermeintlich überholten Industriesektor ab den 1980er Jahren bewusst. Die britische Premierministerin Margaret Thatcher und US-Präsident Ronald Reagan sahen die Zukunft vor allem in Dienstleistungen, besonders in der Finanzbranche. Also beseitigten sie deren Kontrollgesetze. Diese aggressive Liberalisierung erwies sich spätestens mit der Finanzkrise 2008 als Irrtum, als weltweit Steuerzahler Billionen für die jahrelangen Rekordgewinne von

Bankern und Investoren bezahlten. Die Verluste wurden soziali-
siert. Auch sonst war die Deindustrialisierung ein schwerer Fehler.
Im Norden Englands oder im amerikanischen *Rust belt* ballt sich
der Frust ehemaliger Arbeiter, denen, wenn überhaupt, nur schlecht
bezahlte McJobs im Servicesektor bleiben. Sie lassen sich von Rechtspopulisten wie Donald Trump oder dem Brexit-Lager verführen,
die ihren Ländern schwere Schäden zufügen, vom Klimaleugnen
und dem Unterminieren der Justiz unter Trump bis zum törichten
Ausstieg aus der EU. Die Bundesrepublik hat zwar den Strukturwandel zu Dienstleistungen mitgemacht, aber die Deindustrialisierung bisher vermieden. Das stabilisiert nicht nur die Demokratie.
Es beschert auch Millionen Industrie-Beschäftigten in der Bundesrepublik hohe Löhne. Sie verdienen deutlich mehr als viele Dienstleister, obwohl darunter auch gutbezahlte Berufe von Anwalt über
Banker in bis Programmierer fallen. Zieht man die Arbeitskosten
heran, verdienen Industrie-Beschäftigte im Schnitt 42 Euro pro
Stunde statt 35 – also 20 Prozent mehr als in Dienstleistungen. Das
summiert sich während eines Berufslebens auf mehr als eine halbe
Million Euro Gehaltsplus.

   Dieser riesige Unterschied ist kein Zufall. Die Gewerkschaften
haben sich seit der Industrialisierung im 19. Jahrhundert in der
Industrie eine Basis erkämpft. Sie holen hier hohe Löhne heraus,
was durch die Ähnlichkeit vieler Industriejobs erleichtert wird.
Dienstleistungsjobs sind unterschiedlicher – und viele dieser Arbeitnehmer nicht in der Gewerkschaft, was deren Schlagkraft in
Servicebranchen drastisch reduziert. Die höheren Löhne liegen
aber auch an der hohen Produktivität der Industrie. Sie optimiert
ihre Prozesse, auch weil sie sich seit langem mit dem Ausland messen muss. Anders als viele Dienstleister, denn zum Haareschneiden
oder Busfahren geht kein Kunde ins Ausland.

   Ein Industrie-Schock hätte drastische Konsequenzen. Was würde
geschehen, wenn die Industrie auf den Anteil der Wirtschaftsleistung schrumpft, den sie in den USA oder Frankreich hat? Dann
fehlen jedes Jahr 370 Milliarden Euro Bruttoinlandsprodukt, aus

dem Einkommen wird. Damit fehlen 5000 Euro pro Einwohner. Werden Industrie- durch Dienstleisterjobs ersetzt, fehlen den Arbeitnehmern 20 Prozent Einkommen. Und in Wahrheit wird die Bedeutung der Industrie noch unterschätzt, denn sie sorgt für einen großen Teil der Dienstleistungsumsätze: Anlagen und Maschinen werden gewartet und repariert, Produkte vermarktet und beworben, Anwälte, Architekten und Wirtschaftsprüfer beauftragt. Wer über die Industrie redet, redet also über die Zukunft des Wohlstands, an den die Deutschen sich gewöhnt haben. Doch angesichts aggressiver Konkurrenz aus dem Ausland, zu geringer Innovationen und Investitionen und schlechter Rahmenbedingungen muss man sich um diesen Wohlstand ernsthaft sorgen.

Bei den Autos wirkt es, als hätten die deutschen Konzerne die Rivalen gar nicht kommen sehen. Und dann war VW, das 40 Prozent seines Umsatzes in China erzielt, die Spitzenposition bei den Verkäufen dort auf einmal los. Das ist nur der Anfang, so eine Studie des Kreditversicherers Allianz: «Chinesische Hersteller werden ihre Marktanteile weiter kräftig ausbauen, zu Lasten europäischer Autobauer.» Demnach verlieren die Europäer in China mehr als sieben Milliarden Euro Gewinn – pro Jahr. Das wäre mehr als die Hälfte des Jahresgewinns von VW, das in Deutschland bisher 300 000 gut bezahlte Industriejobs stellt. Auf dem Spiel stehen aber nicht nur das China-Geschäft, sondern auch Exporte in andere Länder – und der Heimatmarkt. «Als sich der Vorhang der Pandemie lichtete, war die Volksrepublik plötzlich an Konkurrenten wie Deutschland vorbeigezogen», stellt der langjährige Korrespondent Philipp Mattheis fest. BYD und Co. haben ihre Autoexporte vervierfacht – und liegen auf einmal vor Deutschland, den USA oder Südkorea. In Südamerika oder dem Nahen Osten sind sie bereits Marktführer. Nächstes Ziel: Europa. Wenn Chinas Autos auch nur zehn Prozent Marktanteil erobern, kostet das allein Deutschland 14 Milliarden Euro Wertschöpfung. Und inklusive der Zulieferer noch wesentlich mehr.

Wie kann die Autobranche Umsätze und Jobs retten? Zuvorderst müssen die Unternehmen massiv in E-Autos investieren, bei denen sie lange die Produktion eigener Batterien ignorierten, obwohl die einen Großteil des Werts der neuen Autos ausmachen. Sie müssen massiv investieren, um ihre Modelle zu digitalisieren, bevor Google & Co. das Geld mit Autos verdienen, zu denen sie nur noch das Blech liefern. Sie müssen Partnerschaften eingehen, um neue Technik gemeinsam zu finanzieren. Die Modellplattformen reduzieren, um durch Standardisierung die chinesische Massenproduktion zu kontern. Geschäftsfelder rund um Mobilität erschließen, statt Carsharing etc. neuen Wettbewerbern zu überlassen.

In einer Marktwirtschaft müssen es zuvorderst die Unternehmen selbst schaffen. In der Marktwirtschaft des 21. Jahrhunderts kommt es aber immer mehr auch auf die Politik an. China und USA schreiben die Regeln des Wettbewerbs neu. In Wahrheit haben die USA damit schon vor Jahrzehnten begonnen. Aus den staatlich-unternehmerischen Kooperationen der Agentur Darpa entstanden das Satellitensystem GPS, der Touchscreen oder Sprachassistenten wie Siri. Innovationen, die den globalen Siegeszug der US-Digitalkonzerne beförderten. Deutschland hat sich solchen Kooperationen wegen seiner marktliberalen Ideologie immer widersetzt – und steht nun in der Marktwirtschaft des 21. Jahrhunderts auf verlorenem Posten. Chinas Autofirmen zogen nicht wundersam in der Pandemie an westlichen Rivalen vorbei, das war von langer Hand vorbereitet. Die Strategie kam aus der Politik. Präsident Xi rief E-Autos schon vor langer Zeit als einzige Chance aus, sich gegen die westlichen Rivalen zu etablieren. Seit 2009 flossen 30 Milliarden US-Dollar Subventionen. Zudem sicherte sich die Regierung in Südamerika oder Afrika Rohstoffe wie Lithium oder Kobalt, die E-Batterien brauchen. Im Maschinenbau das gleiche Muster: «Mit Staatshilfe haben Firmen der Volksrepublik die Technologielücke zu ausländischen Wettbewerbern verringert», analysiert die deutsche Außenwirtschaftsagentur. Die US-Regierung fördert mit dem *Inflation Reduction Act* die Produktion von E-Batterien, so dass sich Hersteller dort ansiedeln. Japan handelte bei seinem überraschenden Aufstieg zur Industrienation nach dem Zweiten Weltkrieg ständig industriepolitisch, aktuell mit der New Robot Strategy.

Die Bundesregierung darf ihre Firmen nicht weiter allein durch die Marktwirtschaft des 21. Jahrhunderts irren lassen, wo an jeder Ecke staatlich gedopte asiatische und amerikanische Rivalen zum Wirkungstreffer ausholen. Es bedarf unternehmerisch-staatlicher Kooperationen. Das heißt nicht, dass der Staat der bessere Unternehmer wäre. Firmen sollten im Privatbesitz verbleiben. Staatsfirmen scheitern oft. Klar, manche Kooperation auch. Einige der in China subventionierten Modelle fuhren nie. Der Staat soll heimische Firmen auch nicht von Konkurrenz abschirmen. Die Regierung in Peking etwa schuf durch die Ansiedlung von Tesla früh Konkurrenz für seine E-Auto-Hersteller. Nur wer im Wettbewerb besteht, erobert die Weltmärkte. Es sollen auch nicht Steuerzahler Innovationen finanzieren und die Firmengewinne dann nur ein paar Eigentümern zugutekommen. Doch all diese Bedingungen vorausgesetzt, gilt ganz klar: Ja, Deutschland und Europa müssen dem asiatisch-amerikanischen Staatskapitalismus eigene unternehmerisch-staatliche Kooperationen entgegensetzen.

Was heißt das im Fall der Autos? Erstmal: klassische politische Aufgaben ernst nehmen. Chinesische Hersteller können ungehindert in Europa verkaufen, wie es den Welthandelsregeln entspricht. Europäische Hersteller dagegen werden in China zu Joint-Ventures gedrängt. Europas Regierungen müssen gleiche Bedingungen einfordern (mehr im Kapitel *Russland, China: Feindliche Riesen vor den Toren*). Und zusätzlich braucht es Industriepolitik. Erstens Partnerschaften mit anderen Ländern, die wichtige Rohstoffe wie Lithium sichern. Zweitens eine Diversifizierung der Lieferketten, deren Reißen in der Pandemie zu Produktionsausfällen in vielen Branchen führte (mehr im Kapitel *Neue Allianzen gegen Deglobalisierung schmieden)*. Drittens Ladestrukturen für E-Autos fördern. Und viertens gezielte Subventionen, zum Beispiel für den Aufbau einer Batterieproduktion. Die neun größten Produzenten kommen heute aus Japan (1), Südkorea (3), China (5).

Der Staat soll nicht einfach Unternehmer spielen, stellt die Ökonomin Mariana Mazzucato klar: «Es geht nicht darum, dass eine
Branche Probleme hat und deshalb Subventionen bekommt. Geld
verteilen ist wie in den Wind pissen: es kommt zu dir zurück.» An
solchen Stellen ihres Vortrags lacht das Publikum. «Ich verteidige
nicht den Staat an sich» erklärt Mazzucato. «Ich komme aus Italien.» Das Publikum lacht noch mehr. Dann sagt sie: «Weil der Staat
in Italien schwach war, etablierte sich die Mafia.»

Mazzucato schlägt vor, dass der Staat wirtschaftliche Missionen
mitdefiniert. «Ohne die Definition solcher Missionen wären wir nie
zum Mond gekommen», analysiert die Vordenkerin einer neuen
Industriepolitik. Bei der Mondmission der 1960er Jahre arbeitete
der amerikanische Staat mit Unternehmen zusammen. 400 000 Beschäftigte waren involviert. Ein Produkt der Mondmission war
Software. Elektromobilität ist eine zukunftsweisende Mission, die
Europas Regierungen schon vor mehr als zehn Jahren als solche
hätten erkennen können. Marktliberale glauben, Wohlstand ent-
stehe allein durch Unternehmen. Der Staat soll sich raushalten.
«Wenn das gilt, sollten Sie Ihr iPhone wegschmeißen», spottet Mazzucato. «GPS, Touchscreen, Siri: Alles, was das iPhone klug macht,
kommt aus staatlichen Agenturen wie Darpa, die mit Firmen kooperieren. Der Staat weiß, welche Probleme wir haben und kann
Firmen darauf ansetzen.» Für die Mission klimaschonende Mobilität förderte die US-Regierung den heutigen Weltmarktführer Tesla.
«Die Geschichte lehrt, dass echte technologische Disruptionen
höchst selten zufällig geschehen», postuliert Sebastian Matthes vom
der Planwirtschaft unverdächtigen *Handelsblatt*. «In vielen Fällen
sind sie das Ergebnis strategischer Planung, von Forschungsförde-
rung und öffentlichen Aufträgen. Die Computerindustrie des Sili-
con Valley ist so entstanden. Die Tech-Industrie in Israel auch.»
Staat und Firmen in Deutschland brauchen Kooperationen, mis-
sionsorientiert wie beim Mondflug. Aber nicht als Selbstbedie-
nungsladen für Aktionäre. Bei der Mondmission verbot die NASA
den Firmen exzessive Profite.

«Die Bundesregierung sollte einen übergreifenden Plan entwickeln», fordert Tom Krebs, der bei Forschungsaufenthalten in den
USA die dortige Industriepolitik studiert. «Sie sollte überlegen, wo
Deutschland stark sein soll.» Warum übernimmt die Bundesregierung nicht eine Führungsrolle dabei, eine europäische Darpa-
Agentur zu kreieren? Die europäische Dimension ist wichtig. Nur
wenn die EU-Staaten gemeinsam Schlüsseltechnologien fördern,
erreichen sie die Durchschlagskraft der USA und Chinas. Gleichzeitig wäre damit gesichert, dass nicht einzelne Staaten nationale
Monopolisten züchten, sondern Wettbewerb herrscht. Zudem muss
das enge EU-Beihilferecht gelockert werden, das bisher viele Subventionen verhindert. Und wenn Europa etwa die Produktion von
E-Batterien fördert, dann nur, wenn diese zumindest teils in Europa
produziert werden, wie es China und die USA vorschreiben, rät
Sebastian Dullien: «Ein sehr relevanter Teil der Welt hält sich nicht
an die Welthandels-Regeln. Wenn die anderen beim Fußball dopen
und wir nicht, gewinnen wir zwar den Fairness-Preis, verlieren aber
am Ende.»

Wo sollte Europa stark sein? Dazu gehören Bereiche wie E-Mo-
bilität, Chemie, Maschinen und Anlagen, wichtige Arzneimittel,
Biotechnologie, neue Materialien und Künstliche Intelligenz (zu
Letzterer mehr im Kapitel *Deutschland digitaler).* Hier lassen sich
viele Millionen Jobs halten oder schaffen. Was passiert, wenn man
Märkte der Industriepolitik anderer Länder ausliefert, zeigt sich bei
Chips. Was mal abgewandert ist, ist nur teuer zurückzuholen. Der
Intel-Konzern fordert und bekommt zehn Milliarden Euro Subventionen für eine einzige neue Fabrik in Magdeburg. Wie konnte
Europa die Chipindustrie verschwinden lassen? Fast jedes avan-
cierte Produkt braucht Halbleiter, selbst Alltagsgefährten wie der
Bosch-Kühlschrank KGN39 aus München-Neuperlach. Er konnte
lange nicht geliefert werden, da Chips fehlten. Einmal waren chinesische Häfen wegen Corona dicht. Dann blockierte ein Container-
schiff den Suez-Kanal. Europas Firmen mussten nach dem Reißen
der Lieferketten jahrelang ihre Produktion herunterfahren. Welt-

weit kommen unter zehn Prozent der Chips aus Europa. Dadurch ist es erpressbar.

Das haben die Regierungen erkannt und wollen mit dem *EU Chips Act* Halbleiter und Jobs ansiedeln. Die Gefahr ist, dass sie auf halber Strecke der Mut verlässt. Monika Schnitzer gehört zu einer Minderheit der Ökonomen, die die Chipfertigung wegen der Bedeutung für so viele Waren teuer zurückholen will. Im EU-Fördertopf liegen nur 43 Milliarden Euro. Im US-Fördertopf liegt sechs Mal so viel Geld. Joe Biden betreibt moderne Industriepolitik, die an Jobs denkt. Geförderte Firmen dürfen Gewinne nicht in Aktienrückkäufe stecken, müssen Arbeiter gut bezahlen und umweltschonend produzieren. Südkoreas Regierung ermutigt Samsung, den größten Halbleiter-Standort des Erdballs mit fünf Fabriken zu bauen – für die schwindelerregende Summe von 215 Milliarden Euro. Das gehört zum Wachstumsplan des Landes, der auch E-Batterien, Biotech und Roboter umfasst. Was Europa industriepolitisch versäumt, werden die anderen nicht versäumen.

Die wirtschaftliche Zukunft der Bundesrepublik hängt noch an weiteren Faktoren: An Innovationen und Investitionen, an Kapital und Konsum, ohne die der Abstieg sicher ist. Wie steht es etwa um die Innovationen, den Rohstoff, der Millionen Jobs sichert? Werner von Siemens begründete die moderne Elektrotechnik. Friedrich Bayer entwickelte synthetische Farbstoffe. Carl von Lindes Kältemaschine startete den globalen Siegeszug des Kühlschranks. Unglücklicherweise wirkten diese Erfinder im 19. Jahrhundert. Aktuell sind deutsche Firmen zwar exzellent darin, Bestehendes weiterzuentwickeln, bei Fahrzeugen, Maschinen oder Chemie. Darin investieren sie ihr Geld. Doch es fehlt an Zukunftstechnik. Innovationen, die echte Sprünge darstellen, werden nicht oder zu langsam entwickelt, warnt Stefan Schaible von der Beratungsfirma Roland Berger: «Damit geraten wir international ins Hintertreffen.»

Wie innovativ kann eine Nation sein, die voller Funklöcher ist, Offizielles auf Papier regelt und Koffer mit Bargeld unter der Matratze bunkert? Nur jeder elfte Bürger denkt, das Land sei bei der

Entwicklung neuer Technologien wettbewerbsfähig. Deutsche Firmen sehen ihre Defizite selbst. Nur jede fünfte Firma findet sich selbst innovativ – 2019 war es noch jede vierte. «Wir glauben, hier ist eine tektonische Verschiebung im Gange», so Armando García Schmidt von der Bertelsmann-Stiftung. «Der Ideenmangel wird auf den Weltmärkten schwerwiegende Folgen haben.»

Die meisten Patente melden inzwischen China und die USA an. Bei Hightech-Patenten sind die Differenzen noch klarer: Die USA meldeten seit der Jahrtausendwende ein Drittel davon, ganz Europa zusammen ein Fünftel. Am meisten Patente werden für digitale Kommunikation, Computer-/Elektrotechnik und Medizin angemeldet. Ganz oben stehen Huawei aus China, Qualcomm aus den USA, LG und Samsung aus Südkorea. Von den zehn Unis mit den meisten Patenten kommen vier aus den USA – und vier aus China.

Trotz dieser Trends wäre Fatalismus verkehrt. Die Bundesrepublik muss sich in vielem gar nicht verstecken. Was die Bildung breiter Schichten angeht, ist sie den USA oder China überlegen. Ebenso beim Know-how der Industrie. Auch Spitzenforschung gibt es hierzulande zuhauf. Deutschland hat aber ein Umsetzungsproblem. Etwa, die Erkenntnisse der Unis zu Geld zu machen. «Da sind uns die USA 20 Jahre voraus», sagt der Unternehmensberater Oliver Holle. In den USA oder Großbritannien starten Wissenschaftler öfter Firmen, um Erfindungen umzusetzen. Den Deutschen fehlt es insgesamt an Gründergeist. Nur fünf Prozent der Bürger starten eine Firma. Überall in den Industriestaaten sind es mehr – in Südkorea und den USA drei Mal so viel. Unis und Firmen in Deutschland forschen auch weniger gemeinsam als anderswo. Rafael Laguna, der als Direktor einer Bundesagentur herausragende Innovationen anschieben soll, ärgert sich über Eigentore. Gründungen scheiterten an Bürokratie wie dem Rechtetransfer oder EU-Beihilfeverboten: «Es sind die Regeln, die wir uns selbst geben.» Wer subventioniert wird, darf Mitarbeiter nicht besser bezahlen als beim Staat. Spitzenkräfte gehen dann lieber woanders hin.

An dieser Stelle wird es Zeit, noch auf ganz andere Weise übers

Geld zu reden. Im Global Innovation Index der Vereinten Nationen landet die Bundesrepublik auf Platz zehn. Unter den ersten vier Plätzen finden sich die USA, die Schweiz und Großbritannien – jene Nationen, die pro Student staatlich oder privat das meiste Geld ausgeben. Die deutschen Massenunis können davon nur träumen.

Reden wir über Geld, Punkt zwei: Von den 500 Firmen mit den weltweit höchsten Ausgaben für Forschung und Entwicklung (F+E) kommt inzwischen jede dritte aus den USA. Bei den gesamten betrieblichen und staatlichen Ausgaben für F+E hat sich in der Bundesrepublik zwar etwas getan. Unter den Industrienationen liegen Südkorea, Japan und die USA aber deutlich vorn. «Der Standort Deutschland steht unter Druck wie wahrscheinlich nie in seiner Geschichte», sagt Henrik Ahlers von der Beratungsfirma E&Y. Die Firmen müssten deshalb bei Innovationen weltweit führend sein. «Schon seit einigen Jahren aber sehen wir, dass eher US-Firmen massiv investieren. Deutschland droht bei der technologischen Leistungsfähigkeit den Anschluss an die Weltspitze zu verlieren.»

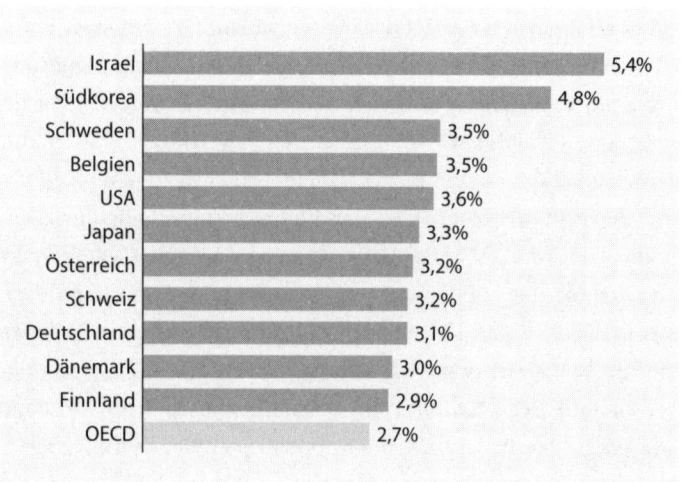

Mehr Anstrengungen
Ausgaben für Forschung und Entwicklung in Prozent der Wirtschaftsleistung

Israel	5,4%
Südkorea	4,8%
Schweden	3,5%
Belgien	3,5%
USA	3,6%
Japan	3,3%
Österreich	3,2%
Schweiz	3,2%
Deutschland	3,1%
Dänemark	3,0%
Finnland	2,9%
OECD	2,7%

Quelle: OECD

Reden wir über Geld, Punkt drei: Das Kapitel *Wie das Land kaputt-gespart wird* hat thematisiert, dass der Staat zu wenig investiert, in Schulen, Verkehrswege und alles andere. Aber auch die Firmen investieren seit Jahren zu wenig, ob in Maschinen, Fabriken, Software oder Datenbanken. Die Anlageinvestitionen etwa werden ab der Pandemie bis Ende 2024 nur halb so stark steigen wie in den USA oder Japan. Zusammen bilden die staatlichen und betrieblichen Güter den Kapitalstock des Landes, aus dem durch die Arbeitnehmer die Wirtschaftsleistung entsteht. «Im Vergleich mit vielen anderen entwickelten Volkswirtschaften hat Deutschlands Kapitalstock binnen 20 Jahren erheblich an Qualität eingebüßt», stellen die Forscher Claus Michelsen und Simon Junker fest. «Deutschland lebt seit Jahren von seiner Substanz.» Die Folge? Veraltet der Kapitalstock, können Firmen international schlechter konkurrieren. Für eine Nation, die vom Export abhängt, ein besonders dramatischer Befund. Je moderner der Kapitalstock, desto produktiver sind die Arbeitnehmer. Produktivität ist zentral dafür, den wirtschaftlichen Abstieg zu verhindern.

Bei der Entwicklung der Produktivität liegt die Bundesrepublik in den vergangenen 15 Jahren unter den OECD-Staaten nur auf Rang 20. Asiatische Volkswirtschaften wie Indien, Indonesien und Vietnam investieren im Schnitt ein Drittel ihres Bruttoinlandsprodukts, China sogar über 40 Prozent. In Europa und damit auch Deutschland sind es nur 20 Prozent.

Was ist also zu tun? Der Staat muss mehr investieren – und die Firmen auch, in Innovation, Maschinen, Software, Qualifizierung der Mitarbeiter. Wobei der Staat auch Investitionen anregen kann, etwa durch großzügigere steuerliche Abzugsmöglichkeiten. FDP-Chef Christian Lindner schrieb in den Koalitionsvertrag «Superabschreibungen» für Digitalisierung und Klimaschutz – und stellte im Sommer 2023 fest, dass er als Finanzminister das Geld dafür weggespart hat. So blockieren Sparrituale den Weg in die Zukunft.

Firmen kommen noch auf eine andere Art an Geld. In den USA steht sowohl mehr Risikokapital zur Verfügung als auch mehr Kapital normaler Aktionäre. Die Deutschen scheuen Aktien. So darf es nicht verwundern, dass die großen Dax-Werte Bayer, Daimler, SAP oder Siemens mehrheitlich Ausländern gehören. Dass ein amerikanisch dominierter Aktionärskreis beschließt, die 150 Jahre alte Traditionsfirma Linde von der deutschen Börse zu nehmen. Oder der Corona-Impfstoff-Erfinder Biontech aus Mainz auf Kapitalsuche an der US-Börse landet. Um auf dem Boommarkt für Wärmepumpen zu bestehen, hielt die Traditionsfirma Viessmann massive Investitionen für nötig. Ein Börsengang in Deutschland? Zu unsicher, dass da genug Kapital zusammenkommen würde. Also verkaufte Viessmann sein Kerngeschäft zum Entsetzen der halben Republik an einen US-Rivalen. Über Kapital denken viele Mittelständler nach, die berühmten *hidden champions*, die für die deutsche Volkswirtschaft zentraler sind als für andere Länder. Sie stehen vor hohen Investitionen in Dekarbonisierung und Digitalisierung. Aber der deutsche Kapitalmarkt liefert kaum. Das zu ändern, ist auch der Job der Politik: Breite Schichten genau wie Institutionen zum Aktienkauf zu ermutigen. In angelsächsischen Ländern legen Bürger genau wie Pensionsfonds, Versicherer oder Stiftungen ihr Geld selbstverständlich in Firmen an. Dazu gehört, unternehmerische Risiken einzugehen, ohne die es keinen Ertrag gibt – oder nur die Minirenditen von Zinsanlagen, die in den meisten Jahren zu vernachlässigen sind.

Die Bundesrepublik muss auch offener für neue Technologien werden. Dazu gehört, Genehmigungsverfahren zu beschleunigen und allgemein Bürokratie abzubauen. Biontech erfand den Corona-Impfstoff und rettete unzählige Leben. Ausgerechnet das Gründerpaar Özlem Türeci und Uğur Şahin, eine der großen Erfolgsgeschichten der vergangenen Dekaden, verliert nun die Geduld mit den deutschen Behörden – und verlagert seine Krebsforschung nach Großbritannien. Dort können sie rasch ihre Krebstherapie erproben, mit Technologien, an denen sie seit über 20 Jahren forschen. Ein deutsches Amt lässt sich davon nicht beeindrucken. «Im Umgang mit den Behörden fällt viel Zeit in die Kategorie Warten auf Antwort», berichtet Özlem Türeci. «Wir müssen aufpassen, dass wir uns als Forschungsstandort nicht abschaffen», warnt Jens Werner, Präsident der Deutschen Gesellschaft für Allgemein- und Viszeralchirurgie. «Die Anträge für Studien dauern zu lange, die Auflagen sind extrem hoch. In anderen Ländern lassen sich vielversprechende Projekte leichter umsetzen.»

Was die Exportnation Deutschland auch vernachlässigt, ist das Wachstum aus heimischem Konsum. Verbraucher liefern kontinuierlich einen großen Beitrag zur Wirtschaftsleistung. Ohne geopolitische Spannungen, ohne aggressiven Kampf um Weltmarktanteile. Der heimische Konsum ist *das* Instrument, um internationale Schocks abzufedern. Um ihn zu steigern, müssen Politik und Unternehmen sich darum kümmern, dass Millionen Beschäftigte gerade in Dienstleistungen besser bezahlt werden. Indem vom Bruttogehalt netto mehr übrig bleibt – das ist die Aufgabe der Politik. Und indem Firmen mehr brutto zahlen. Nirgends in Europa hinkt die Entlohnung in Dienstleistungen der Industrie stärker hinterher – durchschnittlich 20 Prozent. Das gilt es die Bezahlung anzunähern, damit Millionen Dienstleister mehr verdienen. Und dadurch mehr ausgeben können. Das schafft neue Jobs im Handel, der Logistik, der Produktion von Waren und Dienstleistungen.

Die Gewerkschaften bemühen das Argument von der Binnenkaufkraft schon lange. Es wird Zeit, dass Politiker und Arbeitgeber die Vorteile dieser Logik anerkennen. Und sie auch den Konsumenten selbst vermitteln. Damit diese verstehen, welche volkswirtschaftlichen Nachteile sie schaffen, wenn sie bei Dienstleistungen vom Haareschneiden über Gastronomie bis zu Urlaub, Wellness und vieles andere auf jeden Cent schauen. Geiz ist nicht geil. Geiz ist dumm, wenn jemand sich viel mehr leisten kann, als er zahlen will. Geiz hält die Löhne niedrig und verhindert so Wirtschaftsleistung und Jobs.

Ja, in Deutschland lassen sich Millionen Arbeitsplätze halten und schaffen. Aber nur, wenn sich Branchen wie Auto, Chemie und Maschinenbau konsequent für die Anforderungen des Weltmarkts modernisieren. Wenn der Staat industriepolitisch Zukunftstechnologien fördert. Wenn die Bundesrepublik bei Innovationen wieder zur Weltspitze aufschließt, die sie einst mit Daimler und Benz, Werner von Siemens, Friedrich Bayer oder Carl von Linde erklomm. Wenn Unternehmen und Staat mehr investieren, in Bildung, F+E, Maschinen, Digitales, Mitarbeiter. Wenn die Unternehmen auf mehr Kapital zurückgreifen können. Wenn die Bundesrepublik offener für neue Technologien wird, ihre Genehmigungsverfahren beschleunigt und Bürokratie abbaut. Und wenn sie den Konsum stärkt, indem Dienstleistungen besser bezahlt werden, die heute drei Viertel aller Jobs ausmachen. Also den allergrößten Teil der Arbeitswelt. Und ja: Das alles klingt nach vielen Anstrengungen auf einmal.

Russland, China:
Feindliche Riesen vor den Toren

«Rettet die Kleinbauern!», steht auf dem Blatt Papier, das sich José Bové mit Tesafilm auf die Brust geklebt hat. Der französische Aktivist protestiert auf der Terrasse des Sheraton-Hotels in Doha in Katar gegen die aktuelle Welthandelskonferenz. Im Jahr 1999 war der Bauer mit dem Schnauzer und der Tabakspfeife eine große Nummer gewesen: Bové und seine Mitstreiter mobilisierten 50 000 Demonstranten, die auf den Straßen von Seattle in den USA die Welthandelskonferenz blockierten. Das war die Geburtsstunde der Anti-Globalisierungsbewegung. Sie half, den Start einer globalen Handelsrunde zu verhindern, die sich die Regierungen aller Industriestaaten wünschten. Damals in Seattle hatte ich Bové kennengelernt. Jetzt, zwei Jahre später in Katar, blickt er missmutig auf die Terrasse des Sheraton. «Es ist anders hier», seufzt er.

Der Emir von Katar hat verfügt, dass von jeder Nicht-Regierungs-Organisation (NGO) nur eine Person einreisen darf. So verlieren sich mit Bové auf der Terrasse 20 Leute, die ein paar Plakate schwenken. 20 statt 50 000. Der Emir wird sie gar nicht bemerken. An der Straße parken Jeeps mit aufmontierten Maschinengewehren. So mag es der Emir. Er duldet in seinem Land keine Opposition, keine Demonstranten, überhaupt keine Kritik.

Ein passendes Umfeld für jenes Ereignis, das mehr als 140 Staaten im Dezember 2001 hier in Katar feiern: Sie nehmen China in die Welthandelsorganisation WTO auf. Chinas Regime duldet auch keine Opposition, keine Demonstranten, überhaupt keine Kritik. Aber das interessiert Deutschland und die übrigen Industriestaaten nicht. Ihnen geht es um das Geschäft, das die Öffnung des chinesischen Riesenmarkts verspricht. Gerade deutschen Konzernen. Die Zölle auf Autoimporte werden halbiert. Schon im ersten Jahr der

Marktöffnung sollen im bevölkerungsreichsten Land des Erdballs 20 Prozent mehr Autos verkauft werden, so die Prognose.

Es ist der Beginn eines Missverständnisses, das der Westen heute einschneidend spürt. Er hat sich in der Natur eines Regimes getäuscht, das schon damals diktatorisch regierte und inzwischen aggressiv nach außen auftritt. So hat sich der Westen in eine Zwangslage gebracht, ökonomisch, moralisch und politisch. Das wird gerade der Bundesrepublik einen wirtschaftlichen Abstieg bescheren, falls die Strategie nicht völlig umgedreht wird.

In diese Zwangslage haben sich die westlichen Staaten von Anfang an manövriert. Die Geschäftsaussichten blendeten Politiker und Manager schon, als im Dezember 2001 José Bové vereinsamt am Sheraton protestierte. «Chinas WTO-Aufnahme sollte dem ohnehin haussierenden Aktienmarkt zusätzlichen Schwung geben», jubilierte das Anlegerheft *Focus Money*. Anleger könnten sich die China-Zertifikate der ABN Amro zulegen. Aussichtsreich erscheine auch das China-Opportunity-Zertifikat der Deutschen Bank, Wertpapierkennnummer 780192.

China hat das Versprechen einer *opportunity* durchaus eingelöst. Im Jahr des WTO-Beitritts wurden im Reich der Mitte erst 750 000 Autos verkauft. Heute sind es pro Jahr 23 Millionen, mehr als 30-mal so viel. Gerade Deutschland profitierte von der Zunahme des Welthandels extrem. Volkswagen war jahrzehntelang die meistverkaufte Automarke in China. Dax-Konzerne machen dort einen Großteil ihres Umsatzes. Es war richtig, dass die Exportnation Deutschland und Europa wie andere Staaten die wirtschaftlichen Chancen genutzt haben. Nur *wie* Deutschland und Europa dabei agieren, ist gefährlich töricht.

Das Register ihrer Fehler ist lang. Sie pochen nicht darauf, dass China die marktwirtschaftlichen Spielregeln einhält, die die Welthandelsorganisation vorgibt und die etwa jene Dumpingpreise verbietet, die die deutsche Solarindustrie ruinierten. Sie tolerieren, dass die Regierung in Peking ausländische Firmen bis heute oft diskriminiert und ihr technologisches Know-how absaugen lässt.

Sie lassen chinesische Investoren Vorzeigefirmen wie den deutschen Roboterhersteller Kuka aufkaufen, ohne dass westliche Firmen analog chinesische Betriebe aufkaufen dürfen. Sie werden durch Leisetreterei zum Komplizen, wenn Peking Minderheiten wie die Uiguren unterdrückt, Gebietsansprüche an asiatische Nachbarn stellt oder Taiwan bedroht.

Deutschland und Europa haben in dem Regime den Eindruck genährt, es komme mit ökonomischen und politischen Fouls durch. Das hat die Diktatur ermutigt, trotz des globalen Übergewichts des Westens immer aggressiver aufzutreten. Gegenüber westlichen Firmen. Gegenüber Nachbarländern. Und gegenüber Staaten in Afrika, Asien und Europa, die es durch Infrastruktur-Projekte als Lieferanten, Absatzmärkte und Claqueure für seine Interessen auf der Weltbühne gefügig macht. Europas Verhalten gegenüber China erklärt sich zum einen aus dem falschen Glauben, nur Leisetreterei erhalte die Geschäfte. Und zum anderen durch den gerade in Deutschland verbreiteten Ansatz vom Wandel durch Handel: China werde dem Westen immer ähnlicher, indem es marktwirtschaftlicher werde. So werde es zum friedvollen Partner und, wer weiß, vielleicht zu einer freiheitlichen Demokratie. Dabei haben sich Deutschland und Europa in der Natur eines Regimes getäuscht, das schon beim WTO-Beitritt 2001 keine Opposition, keine Demonstranten, überhaupt keine Kritik duldete und heute erst recht nicht.

Das kommt einem traurig bekannt vor. Auch gegenüber Russland setzten Deutschland und Westeuropa auf Wandel durch Handel, während Balten, Polen und Tschechen vehement vor der Natur des Regimes warnten. Die Leisetreterei gegenüber dem Hauptlieferanten für Öl und Gas ermutigte diesen zum Überfall auf die Ukraine. Auch von China hat sich gerade Deutschland gefährlich abhängig gemacht: Von China als Absatzmarkt wie als Lieferant seltener Rohstoffe und Umwelttechnik für Wind und Solar. Der fortgesetzte Technologieklau gefährdet die Zukunft deutscher Firmen. Und sobald die Regierung in Peking es will, verlieren die Firmen Umsätze und Jobs, reißen Lieferketten und die Energiewende stoppt. Man kann sich den wirtschaftlichen Abstieg dadurch ausmalen, dass Milliardenkonzerne Umsatz verlieren, die bis zu 40 Prozent ihres Geschäfts in China machen. Aus dieser mehrfachen Zwangslage müssen sich die Bundesrepublik und Europa befreien. Der mögliche politische Schaden ist noch größer als der ökonomische.

China expandiert als Aggressivmacht, die weltweit Länder und Märkte unter ihre Kontrolle zu bringen versucht. Nicht auszudenken sind die menschlichen Opfer, sollte sich die Volksrepublik durch westliche Passivität zu einer Invasion Taiwans ermutigt sehen. Zudem baut es mit anderen autoritären Regimen wie Russland einen Gegenblock zum freien, demokratischen Westen auf. Das stoppt die weltweite Ausbreitung von Freiheit, Demokratie und Menschenrechten. Und Chinas zunehmende Macht gefährdet auch diese Werte im Westen selbst. Deutschland und Europa sollten gegenüber feindlichen Riesen wie Russland und China Stärke statt Schwäche zeigen, um den wirtschaftlichen Abstieg zu verhindern und ihre Werte nicht aufzugeben.

Deutschland und Europa müssen erneut Paradigmen beerdigen, die sie schwächen. Das erste falsche Paradigma war der blinde Glaube an freie Märkte, der mit dem Siegeszug des Neoliberalismus kam. Er führte zu einer Deregulierung der Finanzbranche, die die Welt in der Finanzkrise 2008 mit dem schlimmsten Konjunkturcrash seit dem Zweiten Weltkrieg bezahlte. Daraus lernten die Regierungen, dass es mehr Kontrolle der Märkte braucht. Das zweite falsche Paradigma ist der naive Glaube an die Globalisierung. Nein, wirtschaftliche Verflechtung mit anderen Staaten sorgt nicht für Friede, Freude, Eierkuchen. Die Abwehr aggressiven Verhaltens muss die ökonomische Verflechtung begleiten, sonst liefert man sich feindlichen Riesen aus. «Frieden, Freiheit und Stabilität sind wichtiger, als möglichst billig Gas aus Russland zu importieren oder Autoexporte nach China zu maximieren», sagt Moritz Schularick, der Präsident des Instituts für Weltwirtschaft. Deutschland braucht eine neue Strategie der Stärke, die es nur mit Europa erreichen kann – um Wladimir Putins Russland zu isolieren, Chinas Fouls zu stoppen und Abhängigkeiten zu reduzieren.

Den naiven Glauben an Wandel in Russland hat die Bundesrepublik mit einer dramatischen Energierechnung und Horrorinflation bezahlt, als sie nach dem Überfall auf die Ukraine Ersatz für russisches Öl und Gas beschaffen musste. Viel zu spät, aber wenigstens konsequent löst sie sich aus dem Würgegriff. Vor dem Krieg importierte sie 2,8 Millionen Tonnen russisches Öl im Monat, jetzt ein Tausendstel davon. Russland kann Öl und Gas nur mit so hohen Abschlägen verkaufen, dass die Einnahmen eingebrochen sind. «Russland hat die Energieschlacht verloren», urteilt der Chef der Internationalen Energieagentur. Es schadet dem Land, dass der Westen die Sanktionen bemerkenswert einig durchzieht. Diese Einigkeit hat die oft in Einzelinteressen zerfaserte EU gestärkt. Diese Stärke muss sie bewahren und künftige Lockangebote für billige Energie ausschlagen, so sehr Wirtschaftsführer und rechte Politiker Druck machen werden. Die einige Konsequenz taugt als Modell im Umgang mit anderen autoritären Regimen wie der Türkei Erdoğans oder den arabischen Golfstaaten. Der größte Brocken ist aktuell China.

Im Umgang mit dem 1,4-Milliarden-Volk begannen die Fehler schon bei der Aufnahme in die Welthandelsorganisation 2001. «Chinas Jahrhundert» betitelte sich damals ein Buch, in dem westliche Manager und Politiker den Newcomer umschleimten. Streitschlichtung bei der WTO? Nutzt die EU nur im Notfall, versicherte Handelskommissar Pascal Lamy devot. Der Westen signalisierte früh, nicht auf marktwirtschaftliche Regeln zu pochen. Er rollte den roten Teppich aus. Und die Diktatur in Peking verstand das als Einladung, westliche Firmen in China zu diskriminieren, Know-how abzusaugen und in den Westen zu expandieren, ohne das umgekehrt zu gestatten. «Sowohl nach innen gegenüber seinen eigenen Bürgern und Investoren als auch nach außen gegenüber anderen Staaten stellt Peking immer die eigenen Interessen an die erste Stelle, auch wenn dieses Verhalten Gesetzen und Regeln zuwider-

läuft», schrieb die langjährige Korrespondentin Kathrin Hille 2001.
Man hätte es wissen können.

Seit einer Dekade trimmt Machthaber Xi Jinping das Riesenreich
auf Unterdrückung und Aggression. «Viele in Europas Politik und
Wirtschaft haben nicht verstanden, dass Xi aus dem China von Reform und Öffnung ein grundverschiedenes Land gemacht hat»,
urteilt Kai Strittmatter, der viele Jahre als Korrespondent in der
Volksrepublik lebte. Ich treffe den Kollegen der Süddeutschen Zeitung in der Kantine. Kai rührt seinen anspruchslosen Gemüse-Auf-
lauf kaum an, weil er von seiner Botschaft durchdrungen ist, Europa
müsse aufwachen. Xi setze auf Unterdrückung und Ideologie wie
niemand seit Mao 50 Jahre zuvor. Der Pragmatismus des Reformers
Deng Xiaoping? Weggeblasen. Xi sehe die Demokratie als ideologi-
schen Feind und größte Bedrohung seiner Herrschaft – und den
Westen als Hürde für Chinas Aufstieg zur Weltmacht Nummer
eins. «Putins Russland ist für Xi der natürliche Alliierte. Ziel der Allianz ist es, die Welt für Autokratien sicherer zu machen.» Peking
hält Putin die Lanze und hilft ihm so, seinen Krieg weiterzuführen.
Es tritt auf einmal als Vermittler auf und hat etwa Saudi-Arabien
und den Iran an einen Tisch gebracht. Es will sich zur autoritären
Weltmacht aufschwingen. Genau das, was die Welt nicht braucht.

Deutschland und Europa brauchen einen Kurswechsel gegenüber China, politisch wie ökonomisch. Es gibt dafür gute Ansätze.
US-Präsident Joe Biden bietet Xi konsequent Paroli. EU-Kommis-
sionschefin Ursula von der Leyen legt Initiativen vor. Bundeskanzler Olaf Scholz und der französische Präsident Emmanuel Macron
jedoch, die mächtigsten EU-Regierungschefs, agieren viel zögerli-
cher. Dabei bedarf es einer umfassenden Strategie des Westens mit
mehreren Säulen. Politisch gehört dazu, die westlichen Werte zu
verteidigen und Menschenrechtsverstöße in China anzusprechen.
Jeder Aggression gegenüber anderen Staaten wie Taiwan zu begegnen. Nicht mehr wegzuschauen, wenn Chinesen im Ausland drang-
saliert und ausspioniert werden. Sich nicht selbst ausspionieren zu
lassen und bei kritischer Infrastruktur nicht auf chinesische Firmen

wie Huawei zu vertrauen, wie es ausgerechnet Deutschlands oberste Cybersicherheitsbehörde getan hat. Investitionen europäischer Firmen in China zu kontrollieren, um nicht «die militärischen und nachrichtendienstlichen Fähigkeiten jener zu verbessern, die Systemkonkurrenten sind», wie Ursula von der Leyen bemerkt. Bisher fehlen sogar Informationen darüber, wo sich westliche Firmen engagieren.

Eine neue ökonomische Strategie fordert gleiche Bedingungen für europäische Firmen in China ein wie für chinesische in Europa gelten. Nur so lassen sich die aktuellen Nachteile für europäische Firmen vom Tech-Klau bis zu einer Übervorteilung bei Zwangskooperationen mit chinesischen Firmen verhindern. Zweitens darf es kein schrankenloses Aufkaufen europäischer Firmen durch eine Wirtschaftsmacht mehr geben, die weltweit Zukunftsfelder von Biotech bis Künstliche Intelligenz beherrschen will. Denn hier wird Schlüsseltechnologie abgesaugt. Europa braucht auch eine Antwort auf Pekings Versuch, mit den Infrastrukturprojekten der «Neuen Seidenstraße» Länder wirtschaftlich und politisch an sich zu binden. Die EU hat dazu Überlegungen, die aber nur quälend langsam umgesetzt werden.

Außerdem gilt es, die Abhängigkeiten zu reduzieren. Es ist hochriskant, wenn Dax-Konzerne 40 Prozent ihres Umsatzes in China machen. Viele deutsche Unternehmen haben das noch nicht begriffen. Sie schrauben ihre Investitionen dort auf ein neues Spitzenniveau. Allein BASF pumpt zehn Milliarden Euro in die Volksrepublik. Die Warner sind in der Minderheit. So hat BASF-Vorständin Saori Dubourg den Kurs des Konzerns kritisiert. Als Deutsch-Japanerin blickt sie realistischer auf das Regime als andere Manager einer Firma, die sich erst an das Gasgeschäft mit Russland ketteten und nun an das Chemiegeschäft mit China. Wegen dieses Konflikts musste die als Nachfolgerin des Chefs gehandelte Dubourg BASF verlassen. Wo Firmen der Weitblick fehlt, muss die Politik eingreifen.

«Es erhöht unser Risiko, dass die deutsche Industrie weiter viel in China investiert,» sagt die Wirtschaftsweise Veronika Grimm. «Die

Interessen der Industrie sind nicht immer die Interessen der Gesellschaft.» Die Regierung sollte keine Investitionsgarantien und unge-
bundenen Finanzkredite mehr für Geschäfte mit Ländern geben,
wo derartige Abhängigkeiten bestehen: «China hat gefährlich viel
Macht über uns. Das müssen wir ändern.» Die staatlichen Garan-
tien nehmen China-Investoren ihr Risiko zum guten Teil ab – auf
Kosten des Steuerzahlers. Die Firmen sollten einen Teil ihrer Geschäfte anderswo machen, schlägt Moritz Schularick vor: «Wenn
Volkswagen weniger Autos nach China verkauft, dann können einige der Ingenieure in Start-ups für die Energiewende in Deutschland wechseln. Eine offene Volkswirtschaft können und sollten wir
trotzdem bleiben.»

Es geht ja nicht darum, keine Geschäfte mehr zu machen, sondern nur um weniger Abhängigkeit. Auch von China als Lieferanten. Wie ausgeliefert sie sind, merkten die Bundesbürger, als in der
Corona-Pandemie plötzlich Medizinprodukte fehlten. Auch jetzt
noch liefert China einen Großteil der Antibiotika oder Blutdruck-
senker, bei Atemschutzmasken oder Schmerzmitteln sogar 90 Prozent. Die Volksrepublik liefert Europa 93 Prozent des Magnesiums,
97 Prozent des für Elektroautos unverzichtbaren Lithiums – und
98 Prozent der Seltenen Erden. Das ist kein Zufall: «Wir müssen die
Abhängigkeit der internationalen Produktionsketten von China
vergrößern», gab Xi Jinping vor Jahren als Losung aus. Deshalb
muss das EU-Gesetz Realität werden, das den Abbau und die Verarbeitung wichtiger Rohstoffe fördern soll. Dazu gehören Allianzen
mit neuen Partnern, mehr dazu im nächsten Kapitel.

Doch eine so umfassende Strategie, wie soll das gehen? Können
wir China die Stirn bieten, ohne bestraft zu werden und wirtschaftlich zu leiden? Wir können und sollten. Wenn Deutschland und
Europa selbstbewusst auftreten, wird das Regime sie ernster nehmen als bisher. Sie können durchsetzen, was China sonst nie zuge-
stehen würde. Auf faire Spielregeln pochen, auf die sie bisher demü-
tig (und vergeblich) warten. Europa kann mit der Selbstverzwergung
aufhören.

Auf den Absatzmarkt mit 450 Millionen finanzstarken Einwohnern kann weder China noch eine andere Wirtschaftsmacht verzichten. Die USA kommen mit 330 Millionen Einwohnern weit
dahinter. In der Volksrepublik leben zwar mehr Menschen. Sie erwirtschaften pro Kopf jedoch nur 12 000 Dollar, während deutsche
Konsumenten vier Mal so viel erwirtschaften. Und Europa ist mehr
als ein Absatzmarkt, seine Produkte und Technologien prägen die
Welt in vielen Bereichen. Europa muss seine Stärke nur konsequent
in politische Kraft wandeln. Dazu gehören mehr Kompetenzen für
die EU. Also der Weg, der schon nach dem Zweiten Weltkrieg vor
80 Jahren alternativlos war, als die Altmächte Frankreich oder Großbritannien gegenüber den USA und der Sowjetunion verblassten,
von Hitler-Deutschland zu schweigen. «Die europäischen National-
staaten», schreibt der Historiker Heinrich August Winkler, «konnten ihre relative Unabhängigkeit und Handlungsfähigkeit nur durch
Integration in der EU sichern.» Was da erreicht wurde, ist vielen
Bürgern zu wenig bewusst. Wo sonst auf der Welt gibt es 27 Staaten mit einem gemeinsamen Markt und gegenseitiger Hilfe? Mit
450 Millionen Einwohnern, die ihren Wohnsitz aussuchen können?
20 Staaten mit gemeinsamer Währung, die die wirtschaftlichen
Vorteile ausweitet? Als ich in den Nullerjahren als Korrespondent
in Brüssel arbeitete, besuchten mich Delegationen aus Asien. Die
Politiker, Manager und Beamten wollten wissen, wie Europa diese
Union gelungen sei. Sowas wollten sie auch gerne haben. Sie haben
sowas auch zwei Dekaden später nicht mal in Ansätzen.

Natürlich erlebt die EU Krisen, aber sie ist noch da und pros-
periert. Es gibt autoritäre Tendenzen in Polen oder Ungarn, aber
diese müssen die anderen Staaten eben stärker angehen. Diese Probleme gefährden nicht das Ganze. Wie oft wurden EU und Euro tot-
gesagt? Stattdessen expandieren beide sogar. Nach dem britischen
Brexit-Votum 2016 hieß es, nun verließen weitere Staaten die EU.
Stattdessen stempelt der Brexit Großbritannien jeden Tag mehr
zum Verlierer. Bei der EU stehen die Bewerber Schlange. Die Ukraine will nicht erst seit dem russischen Überfall beitreten. Als ich

1999 den damaligen Bundeskanzler Gerhard Schröder nach Kiew begleitete, erklärte der damalige ukrainische Präsident, sein Land wolle so schnell wie möglich in die EU und die Nato.

Europa ist ein Club stabiler Demokratien, dessen Gesellschaften weniger gespalten sind als die amerikanische und der sein System durch Massenwohlstand legitimiert, den China erst anpeilt. Autoritäre Regime sind global im Aufwind? Da ist was dran. Umso mehr sollte Europa für seine Werte werben. Es kann das mit dem Selbstbewusstsein tun, das überlegene System zu haben.

Demokratien meistern wirtschaftliche Schocks besser als Diktaturen, zeigt ein Ranking des Roman-Herzog-Instituts, in dem Russland und China ganz hinten landen. Demokratien meistern auch existenzielle Schocks wie Corona besser als Diktaturen. China unterdrückte Ende 2019 warnende Stimmen, was überhaupt erst den Virus zur weltweiten Pandemie eskalieren ließ, die sieben Millionen Menschenleben gekostet hat. In einem westlichen Staat wäre das so nicht passiert. Später verweigerte die Regierung aus Dominanzstreben westliche Impfstoffe und speiste ihre Bürger mit der unterlegenen eigenen Ware ab. Als die restriktive Null-Covid-Politik aufs Wirtschaftswachstum drückte, durch das sich das Regime legitimiert, hob sie die Einschränkungen Knall auf Fall auf. Weil die heimischen Impfstoffe so schlecht sind, wurden viele Bürger zu Opfern. Autoritäre Regime agieren effektiver und schneller? Von wegen, sagt Ralph Heck, Chef der Bertelsmann Stiftung: «In Wahrheit können offene Systeme besser mit Krisen umgehen. Wir weisen in Studien nach, dass Demokratien mit der Pandemie besser zurechtkommen.»

Diese Überlegenheit gilt auch fürs Ökonomische: «Nehmen Sie die Staaten der ehemaligen Sowjetunion. Jene, die sich der Demokratie öffneten, haben heute einen höheren Wohlstand als die anderen, die sich an Russland gekettet haben.» Die Forschung zeigt, dass Unternehmen generell in Demokratien leichter investieren und besser boomen können als in Diktaturen, so Katrin Kamin vom Kieler Institut für Weltwirtschaft. Und dass freie Gesellschaften innovativer sind als Diktaturen, liegt auf der Hand.

Die Zustimmung der Bürger zu Europa nimmt zu. Der Zusammenhalt wächst, der Populismus wird in vielen Ländern zurückgedrängt. Jetzt sollten die EU-Staaten den Rückenwind ausnutzen, den die Einigkeit sowohl im Ukraine-Krieg wie bei der Bekämpfung der Pandemie entfacht. Und Stärke gegenüber feindlichen Riesen zeigen, um den wirtschaftlichen Abstieg zu verhindern.

Doch wie genau geht Deutschland mit Europa vor, um sich aus der Umklammerung feindlicher Riesen wie China zu lösen – und trotzdem sein Exportmodell zu retten? Erst recht, da plötzlich alle von einer Deglobalisierung reden, die die Bundesrepublik treffen könnte wie kaum ein anderes Land? Ohne bessere Lieferketten und neue Absatzmärkte ist der wirtschaftliche Abstieg vorgezeichnet. Der Wohlstand würde empfindlich schrumpfen. Deshalb braucht es neue Allianzen in aller Welt.

Neue Allianzen gegen
Deglobalisierung schmieden

Es war Ende des 19. Jahrhunderts, als sich der Westen ökonomisch stärker verband. Europas Staaten und die USA handelten immer mehr miteinander und prosperierten so. Die erste Phase der Globalisierung dauerte mehrere Dekaden. Mit dem Ersten Weltkrieg riss sie jäh ab. Das Ausmaß der ökonomischen Verflechtung, das damals bestanden hatte, wurde erst in den 1990er Jahren wieder erreicht: In der zweiten Phase der Globalisierung, zu deren großen Gewinnern wieder Deutschland gehörte. Diesmal profitiert Deutschland sogar deutlich stärker als Frankreich oder Großbritannien. Entscheidend dafür war nicht nur die wirtschaftliche Öffnung Asiens. Sondern auch die Einführung des Euro, durch den deutsche Firmen in viele EU-Staaten exportieren können – ohne dass Frankreich oder Italien wie zuvor ihre nationalen Währungen abwerten und so deutsche Ausfuhren hemmen können (siehe Grafik). Die deutsche Exportquote, also der Anteil der Exporte an der Wirtschaftsleistung, stieg von rund 30 auf heute fast 50 Prozent. Damit lässt die Bundesrepublik vergleichbare Flächenstaaten wie Frankreich, Großbritannien oder Italien weit hinter sich.

Diese Exportstärke ist kein nationalistischer Fetisch. Sie sichert gutbezahlte Arbeitsplätze in Industrie und Dienstleistungen. Die Bundesrepublik trifft es deshalb existenziell, dass die Globalisierung ins Stocken geraten ist. Schon seit der Finanzkrise 2008 nimmt der Welthandel weniger zu als die weltweite Wirtschaftsleistung. Wie oft bei Krisen errichteten Staaten Handelshürden, um heimische Jobs zu schützen. Dieser Protektionismus wurde in immer mehr Ländern populär, weil zunehmende Ungleichheit, Deindustrialisierung und das Schrumpfen der Mittelklasse viel Wut erzeugen. Ob in Großbritannien, Frankreich oder den USA. Der Brexit ist nichts anderes als eine Absage an offene Volkswirtschaften – ausgerechnet von den Briten, den ersten Champions der Industrialisierung. Der Aufstieg der Rechtspopulisten bewegt französische Regierungen, sich gegen neue EU-Handelsabkommen wie mit Südamerika zu stellen. Donald Trump überzog als Präsident andere Länder mit Strafzöllen, die teils noch gelten.

Exportabhängiges Deutschland

Exporte im Verhältnis zur Wirtschaftsleistung

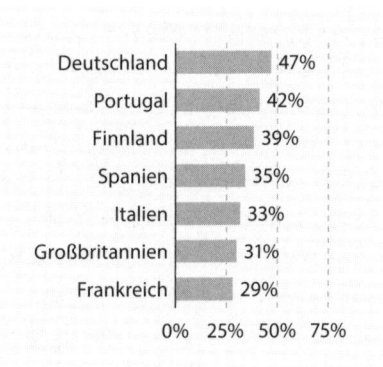

Quelle: EU-Kommission

All diese Entwicklungen wirken wie eine Deglobalisierung, die in der Bundesrepublik einen Schock auslöst: Sie könnte vom mit China größten Gewinner der Globalisierung zum größten Verlierer der Deglobalisierung werden. Wer jeden zweiten Euro durch Ausfuhren erwirtschaftet, gerät ins Wanken, sobald der Handelsmotor stottert. Der wirtschaftliche Abstieg ist dann unausweichlich – wenn Deutschland nicht gegensteuert. Die Deglobalisierung fordert von Deutschland und der EU, massiv neue Handelspartner zu gewinnen, um die Exporte zu sichern.

Verschärft wird die Lage dadurch, dass sich die USA und China in ein Ringen um die globale Spitzenposition verkeilen. Um die Führung in Zukunftsfeldern von Chips über Biotechnologie bis Künstlicher Intelligenz. Die härtesten China-Kritiker in den USA fordern ein *Decoupling*: Zwei wirtschaftlich und technologisch getrennte Blöcke in der Welt. Quasi ein neuer Kalter Krieg, mit Europa an der Seite der USA. So einer Entkoppelung muss sich Deutschland mit Europa verweigern. Sie würde dramatische Verluste in der Bundesrepublik verursachen, die pro Jahr für über 100 Milliarden Euro Waren nach China liefert. Sie würde das Bruttoinlandsprodukt laut Institut für Weltwirtschaft um mindestens ein Prozent schrumpfen – mehr als das gesamte Wirtschaftswachstum mancher Jahre. Bevor neue Lieferstrukturen etabliert sind, wäre der Verlust größer. Schon ein Prozent bedeuten 40 Milliarden Euro Verlust, oder 1000 Euro für jeden Arbeitnehmer. Laut einer Prognos-Studie gehen in Deutschland 1,2 Millionen Arbeitsplätze verloren. Die Bundesrepublik würde unter einer Entkoppelung viel stärker leiden als Japan oder die USA. Für Europa und Deutschland gilt also: Abbau von China-Risiken unbedingt – Entkoppelung nein.

Die EU muss ihren Kurs gegenüber den Vereinigten Staaten sorgfältig abwägen. Die USA sind der natürliche Partner für eine Strategie der Stärke gegenüber feindlichen Riesen wie Russland und China. Sie sind die andere westliche Macht, die Westeuropa vor den expansionistischen Bestrebungen der Sowjetunion bewahrt hat. Diese Partnerschaft hat seit dem Zweiten Weltkrieg Sicherheit, Frieden und Wachstum geschaffen. Sie darf aber kein blindes Bündnis sein, wenn die Vereinigten Staaten vom Weg abkommen. Die USA sind politisch tief gespalten. Sie sind plötzlich zu einem volatilen Partner mutiert, seit Rechtspopulisten wie Donald Trump Wählerstimmen abgreifen. Trump verhängte Strafzölle gegen Europa, kündigte das Pariser Klimaabkommen und zweifelte an der Nato. Ein Republikaner als Präsident 2024 könnte diesen Albtraum wiederbeleben. Europa kann also nicht blind auf Amerika vertrauen, um eine Deglobalisierung zu verhindern oder China in die Schranken zu weisen. Es muss eine Position der eigenen Stärke etablieren, die es, wenn irgend möglich, mit den USA kombiniert – die aber zur Not für sich steht. Das hat nichts mit den Ami-Go-Home-Parolen von Leuten wie Oskar Lafontaine zu tun. Das transatlantische Miteinander ist einfach nicht mehr so selbstverständlich wie in den sieben Nachkriegsdekaden bis zu Donald Trumps Wahlsieg 2016.

Für Deutschland mit Europa ist es essenziell, die Weltwirtschaft gegen alle Tendenzen zur Deglobalisierung offen zu halten. Um das deutsche Exportmodell zu retten, wovon ein guter Teil unseres Wohlstands abhängt. Und weil ein offenes Wirtschaftsmodell gegen die Schocks versichert, die sich immer rascher zu ereignen scheinen. Nur durch ihre internationalen Verbindungen gelang es der Bundesrepublik nach dem russischen Überfall, überhaupt schnell Gas und Öl zu organisieren. Diese Resilienz wirkt auch auf Firmenebene: Siemens erzielt ein Viertel seines Umsatzes in Asien, ein Viertel in den USA und den Rest in Europa, Afrika und dem Nahen Osten. Als das Russland-Geschäft stoppte, glich ein einziger Großauftrag aus Ägypten für Züge das fast aus.

Im Zeitalter feindlicher Riesen muss sich Deutschland mit Europa viele neue Partner suchen, um die Deglobalisierung zu kontern. Indem sie zusätzliche Absatzmärkte erschließen und dabei die übergroße Abhängigkeit vom China-Geschäft reduzieren. Und um mit zusätzlichen Partnern die Lieferketten zu verbreitern, was Schocks wie der Pandemie vorbeugt und ein Ausgeliefertsein an einzelne Lieferanten wie China verhindert.

Wer bei einer Deglobalisierung verliert

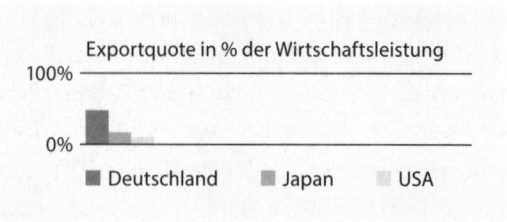

Quelle: Weltbank

Zusätzliche Absatzmärkte kommen etwa durch neue Handelsabkommen. Lange scheute Europa Deals mit einzelnen Staaten. Die EU wollte den Erfolg der 2001 gestarteten Welthandelsrunde Doha nicht gefährden, die Handelserleichterungen für alle Staaten der Welthandelsorganisation WTO gleichzeitig erreichen soll. Doch die Doha-Runde stockt auch nach 20 Jahren. Der Erfolg der acht globalen Abkommen unter dem WTO-Vorgänger GATT von 1947 bis 1994 lässt sich nicht wiederholen. Zu viele Nationen sitzen mit am Tisch, die WTO zählt 164 Mitglieder. Zu überholt sind die Regeln, die jedem Land ein Vetorecht geben. Europa bezahlt sein Zögern damit, dass andere Wirtschaftsmächte schneller Verträge mit einzelnen Staaten abgeschlossen haben. Nun muss es aufholen. Mit Südkorea, Kanada oder Japan gelangen wichtige Verträge, die etwa Zölle auf europäische Exporte senken. Dadurch nahmen die Ausfuhren nach Kanada bereits im ersten Jahr um 15 Prozent zu. Europa kann solche Verträge abschließen und gleichzeitig versuchen, durch Reformen der WTO doch noch ein Welthandelsabkommen zu erreichen.

Doch seit den Verhandlungen mit den USA über das Handelsabkommen TTIP zeigt sich eine neue Schwierigkeit. Gerade in Deutschland trommelten Aktivisten massiv gegen TTIP und andere Abkommen. Mit der falschen Behauptung, Europa opfere seine Verbraucher- und Umweltstandards, mobilisierten sie hunderttausende Demonstranten. TTIP scheiterte zwar nicht daran, sondern an Donald Trump. Doch die Aktivisten attackieren inzwischen jedes Abkommen. Zusätzlich sperren sich aus ähnlichen oder aber protektionistischen Motiven immer wieder Regierungen. Wie beim Mercosur-Vertrag, der mit Brasilien, Argentinien, Paraguay und Uruguay die weltgrößte Freihandelszone mit über 750 Millionen Einwohnern schaffen soll. Wenn deutsche Chemieproduzenten oder Maschinenbauer bisher nach Südamerika liefern, kommen 20 Prozent Zoll auf ihre Waren drauf, bei Autos sind es sogar 35 Prozent. Das macht sie teuer für südamerikanische Konsumenten. Das Abkommen, das diese hohen Zölle kippt, sollte 2022 in Kraft treten. Doch das misslang. Mehrere EU-Regierungen sperrten sich. Das Argument war lange, der rechtspopulistische brasilianischen Präsident Jair Bolsonaro werde nicht wie gefordert die Vernichtung der

Amazonas-Wälder stoppen. Doch Bolsonaro ist längst abgewählt, sein linker Nachfolger Lula da Silva vertrauenswürdig. Es liegt der Verdacht nahe, dass etwa die französische Regierung mit ihrem Widerstand die ganze Zeit bezweckte, ihre Bauern vor Importen aus Südamerika zu schützen. Andere Politiker wollen generell Handelsabkommen verhindern.

Doch wenn linke und grüne Kritiker selbst Verträge mit Ländern wie Kanada ablehnen, die Europas Werte teilen, schwächt das die EU. Wladimir Putin und Xi Jinping freuen sich über solch eine Selbstblockade. Und die Kritiker legen die Axt an Europas Wohlstand, der maßgeblich auf freiem Handel beruht. Jeder Deutsche erzielte durch die Globalisierung seit der Wiedervereinigung jährlich 1100 Euro mehr Einkommen, so eine Studie der Bertelsmann Stiftung. 1100 Euro jedes Jahr.

Wenn Europa die Deglobalisierung nicht durch neue Handelspartner ausgleicht, sind diese Einkommen verloren. Doch zusätzliche Partner gibt es viele.

Europa sollte sich erneut um einen großen Vertrag mit den USA bemühen. Man muss nicht den ganzen Optimismus des früheren Obama-Beraters Peter Orszag teilen, der die historische Chance zu einem Superblock sieht: Europa und die USA könnten gemeinsam Russlands Aggression stoppen, die Abhängigkeit von China beenden und den globalen Klimawandel bekämpfen. Schon ein Handelsabkommen mit den USA alleine wäre eine Eintrittskarte zum Park neuer Prosperität. Und nicht die einzige.

Die Weltkarte der Wirtschaft wird gerade neu gezeichnet. Indien schickt sich an, seine Ex-Kolonialmacht Großbritannien zu überholen und fünftgrößte Wirtschaftsnation der Welt zu werden. Wo also ist der EU-Handelsvertrag mit Indien? Wo sind noch mehr Abkommen mit Asien, Afrika und Lateinamerika? Und wo sind die Bemühungen, den Handel mit Japan (drittgrößte Wirtschaftsnation), Kanada (neun) und Südkorea (zehn) weiter auszubauen?

Am besten knüpft Europa über den Handel hinaus gleich engere Bündnisse. Um Chinas und Russlands Versuch eines Diktatur-

Blocks zu kontern. Und um die eigenen Lieferketten zu diversifizieren. Das Ziel ist keine Autarkie, die den Welthandel beenden würde, sondern Souveränität, die Lieferausfälle vermeidet. Weg vom Billigwahn, der ab der Corona-Pandemie riesige Lücken riss. 2021/2022 hätten deutsche Hersteller Autos für 30 Milliarden Euro mehr produzieren können, hätten sie über ausreichend Chips verfügt, rechnet Sebastian Dullien vom Institut für Makroökonomie vor. Die EU-Kommission schlägt zu Recht Stresstests wie bei Banken vor, um die Lieferketten der Industrie durchzuchecken. «China hat mit Staatsgeld widerstandsfähige Lieferketten aufgebaut», schildert Dalia Marin von der TU München. Europa sollte seine staatlichen Förderbanken mobilisieren, um etwas Ähnliches aufzubauen. Eine Vielzahl von Lieferanten vermeidet die Kosten jahrelanger Produktionsausfälle: *Just-in-case* statt *Just-in-time*.

Neue Handelspartner

Die Länder mit der größten Wirtschaftsleistung, in Billionen Dollar, 2021

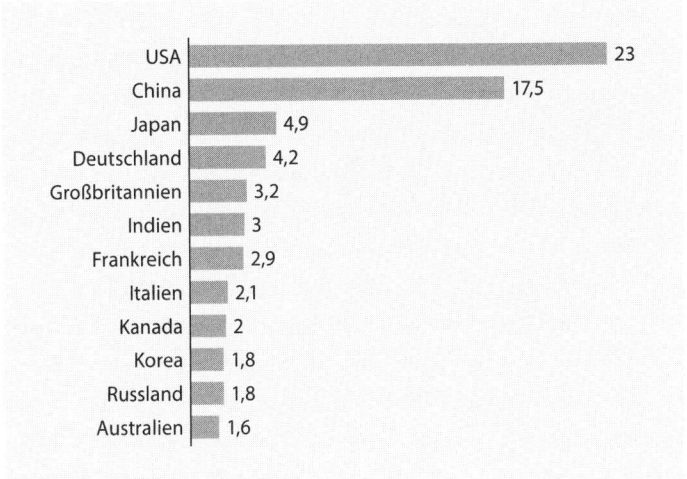

Quelle: Internationaler Währungsfonds

Neue Quellen sollte Europa gerade bei zentralen Rohstoffen erschließen. China liefert 97 Prozent des für E-Autos nötigen Lithiums und 98 Prozent Seltener Erden. Aber auch Russland ist bei einzelnen Rohstoffen gefährlich dominant. Europa sollte die Stoffe künftig von weit mehr Partnern beziehen. Doch China versperrt den Weg dahin. Die Volksrepublik beschafft sich Seltene Erden, Kupfer oder Nickel aus Indonesien oder Namibia, verarbeitet sie teils weiter und liefert sie dann an den Westen. Die Ursprungsländer profitieren von ihrem natürlichen Reichtum wenig. «Wenn es uns gelingt, mehr Verarbeitung anzusiedeln, wo die Rohstoffe im Boden lagern, schafft das dort größeren Wohlstand und wir haben mehr Lieferanten», erkennt Bundeskanzler Olaf Scholz. Dafür muss aber die deutsche Wirtschaft zusammen mit der Politik aktiver agieren. Deutsche Wirtschaftsverbände erwähnen, Seltene Erden oder Kobalt ließen sich statt aus China direkt aus dem Kongo importieren. Doch 15 der 19 Kobaltminen im Kongo gehören chinesischen Firmen. Wenn die deutsche Industrie diversifizieren will, muss sie Kapital in solche Hochrisikoländer stecken. Für erneuerbare Energien und E-Mobilität braucht es etwa, jetzt kommt's: Bor, Graphit, Gallium, Germanium, Indium, Kobalt, Lithium, Magnesium, Platinmetalle, Niob, Seltene Erden, Strontium und Titan. Die Versorgung mit diesen Rohstoffen ist kritisch bis sehr kritisch.

Es ist Bundeskanzler Scholz zugutezuhalten, dass er inzwischen wie ein Handelsreisender in Sachen neuer Partner rüberkommt. In Argentinien, dessen Name sich von Argentum (Silber) ableitet, bezeichnet er den Präsidenten als «mein Freund Alberto», bevor er ins lithiumreiche Chile weiterzieht. Seine erste Asienreise als Kanzler unternahm er nicht nach China, sondern, was ein Symbol, nach Japan. Beim zweiten Besuch flötete er, «es ist schön, wieder in Tokio zu sein», bevor er sich briefen ließ: In Japan kooperieren Behörden, halbstaatliche Banken und Firmen, um neue Rohstoffe zu erforschen, zu beschaffen und zu finanzieren. Wenig später versucht Scholz auf der Hannovermesse den Namen des indonesischen Präsidenten Joko Widodo fehlerfrei auszusprechen, während er um Rohstoffimporte aus dem Inselreich wirbt – und gleich nachschiebt: «Der nächste logische Schritt ist ein Freihandelsabkommen zwischen Indonesien und der EU.» Blöd nur, dass die Gespräche seit 2016 stocken.

Scholzens Handeln markiert den Anfang einer Strategie, bei der Europa seine Sonnenseite mehr einsetzen kann. Viele Staaten in allen Weltregionen schätzen die Kooperation mit der EU, weil sie keine geopolitische Dominanz und ausbeuterische Verhältnisse anstrebt wie China, Russland oder zuweilen die USA. Doch bisher hat Europa sich zu wenig um diese Partner bemüht oder sich pomadig angestellt. Die systemischen Rivalen zaudern nicht und landen mit Scheckbuch und Druck Erfolge. Bei vielen kleineren Staaten, aber auch aufstrebenden Wirtschaftsmächten. Diktator Xi und Kriegsverbrecher Putin kooperieren in der BRICS-Bank eng mit Brasilien, Indien und Südafrika. Saudi-Arabien, Iran, die Vereinigten Arabischen Emirate, Argentinien, Ägypten und Äthiopien treten dem autoritären Club zum 1. Januar 2024 bei. Der Goldman-Sachs-Ökonom Jim O'Neill hat das Schlagwort BRICS für Schwellenländer geprägt, deren Wirtschaft längere Zeit rasant um fünf bis zehn Prozent pro Jahr wuchs. Europa darf diese Gruppe und weitere Schwergewichte nicht in den autoritären Block Chinas und Russlands ziehen lassen. Die Länder des globalen Südens wollen faire Handelsverträge und Investitionen in Infrastruktur. Europa sollte in die Offensive gehen.

Doch das gelingt zuweilen nicht mal vor der eigenen Haustür. Serbien, das den ganzen Westbalkan prägt, kandidiert seit zehn Jahren für einen EU-Beitritt. Der russisch-chinesische Einfluss wächst stetig. «Die Ukraine hat Russland angegriffen», titelte die größte serbische Boulevardzeitung am Tag der russischen Invasion. Der Staatssender Russia Today verbreitet seine Fake News über die Kabelnetze der größten Telekomfirma Srbija, die von der russischen Sberbank 90 Millionen Dollar Kredit erhielt und eng mit Präsident Aleksander Vucic verbandelt ist. Der einstige «Informationsminister» des Kriegsverbrechers Slobodan Milosevic kontrolliert Fernsehsender und Boulevardzeitungen und appelliert an die prorussischen Gefühle der Serben. Chinas Nachrichtenagentur Xinhua stellt kostenlos Nachrichten bereit. Und Peking breitet sich als Financier aus – in der ganzen Region. Seit die Staatsfirma Cosco den griechischen Hafen von Piräus übernahm, wird der Landweg in die EU eingeschlagen. Peking finanziert die Hochgeschwindigkeitsstrecke zwischen Belgrad und Budapest, die die EU nicht finanzieren wollte, und investiert in Serbien zeitweise insgesamt mehr als die EU-Staaten. «Wir Europäer wollen immer alles nach den besten Standards machen», berichtet Jakov Devcic von der Konrad-Adenauer-Stiftung. Chinesische Projekte verzichten auf Umweltprüfungen.

Deutschland und Europa brauchen mehr Biss, um neue Absatzmärkte, stabilere Lieferketten und Importpartner für Rohstoffe zu gewinnen. Das ist ein Mittel gegen Deglobalisierung und Abhängigkeiten. Neue Absatzmärkte lassen sich aber auch in der Nähe finden. Europa hat einen Binnenmarkt für den hürdenlosen Handel mit Produkten geschaffen, der weltweit seinesgleichen sucht. Das war vor 30 Jahren. Seither faltet Europa seine Hände im Schoß. Warum schafft es keinen echten Binnenmarkt für Dienstleistungen, von Architektur über Handwerk, Ingenieurbüros, Wirtschaftsprüfer bis Recht? Und für Energie? Und für Finanzprodukte aller Art? Das würde allen EU-Staaten mehr Geschäft bescheren. Denn überall werden Leistungen nicht optimal erbracht. Firmen und Selbständige aus anderen EU-Staaten würden einen Mehrwert schaffen, wenn man sie denn ranließe. Amerika und China haben einen eigenen Riesenmarkt für diese Dienstleistungen. Sie erzielen dadurch dauerhaft Wachstum. In Europa funktioniert das nur, wenn der Binnenmarkt ausgedehnt wird. So würden die EU-Staaten zusätzliche Wirtschaftsleistung mit befreundeten Partnern erzeugen, die keine feindlichen Riesen sind. Probleme werden durch ein gemeinsames Regel- und Rechtssystem schneller aus dem Weg geräumt als bei Geschäften irgendwo sonst auf dem Globus. Und Europa wird unabhängiger von den Schwankungen der Weltwirtschaft, was gerade für die Bundesrepublik willkommen wäre.

Ein XXL-Binnenmarkt scheiterte bisher an der Integrationsmüdigkeit, die Europa in den Nullerjahren erfasst hat. Nach großen Schritten wie Binnenmarkt, Schengenfreizügigkeit und Währungsunion hatten Kräfte die Oberhand gewonnen, die das Nationale betonen. Eine europäische Verfassung klappte nicht. Briten und Iren blockierten, dass in Bereichen wie der Steuerpolitik per Mehrheit entschieden wird. Die Erweiterung um neue Staaten stockte. In der Euro- und Flüchtlingskrise dominierte Uneinigkeit. Doch nun hat Europa durch die Solidarität des Wiederaufbaufonds gegen die Corona-Krise und die Einigkeit gegen Russland neuen Schwung erhalten.

So einen Augenblick gab es schon mal. In den 1980er Jahren stagnierte die EU, es war die Rede von *Eurosklerose*. Dann kollabierte der Ostblock. In einem ungeheuren Energieschub vollendeten die EU-Staaten Binnenmarkt, Schengen und den Euro, Pläne, die sie seit Jahren vorbereitet hatten. Auch jetzt sollte Europa den Schwung nutzen, den ihr die Einigkeit in Corona-Krise und Putin-Schock beschert hat, und auf den Kurs der Integration zurückkehren. Mit neuen Euro- und EU-Mitgliedern. Mit einem Rückkehrangebot an die wirtschaftlich schwindsüchtigen Briten. Und eben einer Erweiterung des Binnenmarkts. Einer ökonomischen Errungenschaft, die weltweit ihresgleichen sucht und den Staaten Europas Halt gibt wie die gesamte Europäische Union, mögen sich feindliche Riesen noch so aggressiv vor den Toren sammeln.

Wie das Land ins demografische Loch stürzt

Ein früher Morgen im Sommer. Das nicht sehr schicke Frankfurter Viertel wacht gerade erst auf. Schüler schauen müde auf die Attrappe des Airbus-Jets, der hier in der Arbeitsagentur künftige Berufe symbolisieren soll. Die jungen Menschen ahnen nicht, wie sehr sie heute schon im Beruf gebraucht würden. In einem kargen Besprechungsraum der Agentur wird gerade darüber geredet. Ein Jobberater berichtet, ein Reisekonzern bitte gerade verzweifelt, 1500 Mitarbeiter vermittelt zu bekommen. Auf einen Schlag. Der Mann hat Andrea Nahles, der Chefin der Bundesagentur für Arbeit, noch etwas zweites Ungewöhnliches zu berichten. Der Reisekonzern agiere jetzt ganz anders als früher. Er biete deutlich mehr Gehalt. Und unbefristete Verträge. Sachen, für die Nahles in ihrem früheren Leben als SPD-Vorsitzende gekämpft hat. Die 53-Jährige grinst breit.

An diesem Morgen in Frankfurt ist zu sehen, wie radikal sich der deutsche Arbeitsmarkt gerade wandelt. Wer in diesen Wochen in den Urlaub fliegt, strandet oft am Flughafen. Der Trip fällt aus. Die Sicherheitskontrolle dauert ewig. Oder das Gepäck bleibt auf der Strecke. Wegen Personalmangel. Auch dem Reisekonzern gelingt es nicht, alle offenen Stellen zu besetzen. Nahles hat sich vorhin beim Airbus-Jet einen Sicherheitsscanner geschnappt und spaßeshalber an ihrer Kostümjacke entlanggeführt. Wenn sie nicht aufpasst, stellt der Reisekonzern sie sofort ein.

Der Bundesrepublik fehlte schon mal Personal, damals im Wirtschaftswunder der 1950er und 60er Jahre. Kein Wunder, Frauen sollten ja zuhause bei Herd und Kind bleiben. Deutschland holte Millionen sogenannte «Gastarbeiter» aus Südeuropa. Da nur «Gäste», sollten sie nach getaner Arbeit wieder verschwinden. An Integration dachte niemand. Dann landeten ab der Ölkrise der 1970er Jahre immer mehr Beschäftigte auf der Straße. Die nächsten Jahrzehnte beherrschte Massenarbeitslosigkeit die Debatten. Kaum ein Politiker wollte Mütter ermutigen, auf jeden Fall einen Beruf auszuüben. Zuwanderer galten als unliebsame Konkurrenz um ohnehin knappe Arbeitsplätze. Es dominierte die Angst, dass Deutschland die Arbeit ausgeht.

Jetzt wandelt sich die Lage erneut. In der Bundesrepublik sind zeitweise zwei Millionen Stellen unbesetzt. Deutschland geht nicht die Arbeit aus, sondern die Arbeiter. Es fehlen Informatikerinnen und Ingenieure, Krankenschwestern und Kellner, Monteurinnen und Maurer, Akademikerinnen und Angelernte, Anfängerinnen und Ältere. In Kernbranchen wie Auto und Maschinenbau mangelt es zwei Dritteln der Betriebe an Leuten, am Bau 60 Prozent, bei Gesundheit und Sozialem 70 Prozent. Die Paracelsus-Klinik in Bad Ems kündigte die Schließung an, auch, weil sie keine Mitarbeiter findet. Weil keine Lasterfahrer aufzutreiben sind, könnten Lebensmittel auf dem Weg in die Läden liegen bleiben. Die große Bedrohung ist nicht mehr Arbeitslosigkeit, sondern Arbeiterlosigkeit.

Dieser Notstand war absehbar, weil seit Jahrzehnten bekannt ist, dass die Deutschen altern und kaum Kinder bekommen. Bei der Wiedervereinigung stellten Menschen zwischen 20 und 40 Jahren die größte Bevölkerungsgruppe. Diese geburtenstarken Jahrgänge stellen immer noch die größte Gruppe – nur sind sie heute zwischen 50 und 70. 2023 gehen 400 000 Bürger mehr in Rente als junge Menschen in einem Beruf anfangen. Doch Politiker, Firmen und Wähler haben die Augen vor dem absehbaren Notstand verschlossen. Viele verharrten in den Denkschemata der Arbeitslosenära ab den 1970er Jahren, statt Weichen für die Arbeiterlosigkeit zu stellen. Nun gehen sie an den Personalmangel mit den Einstellungen der 1950er und -60er Jahre heran. Frauen werden nicht wirklich zum Arbeiten ermutigt, besser bleiben sie doch bei Herd und Kind. Zuwanderer? Lieber nicht. Mit diesen Einstellungen wird Deutschland viel Wohlstand verlieren.

Personalmangel ist fürs ganze Land gravierend. Den Bürgern fehlen dann Produkte und Leistungen, die sie möchten oder brau-

chen, bis hin zu Schulbildung, medizinischer Versorgung und
Pflege. Die Firmen liefern weniger Waren und Service. Der Nation
entgehen Wirtschaftsleistung und Einkommen. Aber kommt ein
Land mit weniger Menschen nicht auch mit weniger Wirtschaftsleistung aus? Von weniger Menschen kann gar nicht die Rede sein.
Die Bevölkerung wird nach offiziellen Prognosen womöglich gar
nicht schrumpfen. Nur die Zahl der Arbeitskräfte schrumpft drastisch. Die Zahl der Rentner dagegen verdoppelt sich von der Wiedervereinigung bis 2040 auf über 20 Millionen. Weniger Berufstätige
müssen eine wachsende Rentenschar finanzieren. Bei gleichzeitig
weniger Wirtschaftsleistung für die ganze Nation.

«Wir müssen alle Knöpfe drücken, damit Deutschland nicht
endgültig die Arbeitskräfte ausgehen», sagt Andrea Nahles in der
Frankfurter Jobagentur. Das Grinsen ist aus ihrem Gesicht verschwunden. Die staatliche Förderbank KfW warnt vor einer «Ära
stagnierenden, womöglich schrumpfenden Wohlstands». Es stelle
«eine einzigartige Herausforderung dar, die so in der Nachkriegszeit für uns neu ist». Wenn jetzt schon rund zwei Millionen Arbeitsplätze unbesetzt bleiben, entgeht der Bundesrepublik eine Wertschöpfung von 85 bis 100 Milliarden Euro. Das ist mehr als der
Umsatz von Bosch, der sechstgrößten Firma des Landes. Und es
kommt viel schlimmer. 2035, in wenig mehr als zehn Jahren, könnten bis zu sieben Millionen Arbeitskräfte fehlen. Also jeder Sechste,
der heute arbeitet. Dem Land entgehen dann hunderte Milliarden
Euro Wirtschaftsleistung. Die Nation stürzt in ein demografisches
Loch, sie steigt wirtschaftlich ab.

Den Sieben-Millionen-Mangel hat das Institut für Arbeitsmarkt-
und Berufsforschung (IAB) ausgerechnet, der wissenschaftliche Arm
der Bundesagentur für Arbeit. Agentur-Chefin Nahles sitzt vor
einer Tasse Kaffee. Eine Mitarbeiterin hat einen Teller mit Bonbons,
Schokolade und Keksen hingestellt. Nahles ignoriert ihn. Bloß kein
Süßkram jetzt. Sie dröselt die IAB-Rechnung auf. Die sieben Millionen sind sozusagen der größte anzunehmende Unfall am Arbeitsmarkt. Es ist möglich, das demografische Loch zu reduzieren. Etwa,

wenn mehr Bürger arbeiten, vor allem Frauen. Wenn zusätzlich jedes Jahr Hunderttausende Migranten mehr zuwandern als wieder
abwandern, lässt sich das Loch mit all diesen Maßnahmen komplett
schließen. Kein Personalmangel, kein Wohlstandsverlust.

Doch damit das gelingt, müsste sich Grundlegendes ändern. In
der Bundesrepublik sind die Vorstellungen der 1950er und -60er
Jahre erstaunlich einflussreich. 1957 führte Bundeskanzler Konrad
Adenauer das Ehegattensplitting ein. Danach erhalten Ehepaare
den größten Steuervorteil, wenn einer voll arbeitet und der (in der
Realität: die) andere gar nicht. Frauen sollten ja bei Herd und Kind
bleiben. Der Steuervorteil ist aber gar nicht daran geknüpft, dass
das Paar Kinder bekommt, die später Arbeitskräfte werden und in
die Rentenversicherung einzahlen. Er fließt unabhängig davon. Er
fördert also nicht das Kinderkriegen. «Kinder kriegen die Leute
immer», sagte Adenauer, einer seiner größeren Irrtümer. Ab den
1970er Jahren sank die Geburtenrate drastisch.

Das Ehegattensplitting wirkt für Frauen als Anreiz, *nicht* zu
arbeiten, weil der Steuervorteil zusammenschrumpft, wenn sie
arbeiten. Genauso negativ wirkt, dass nicht berufstätige Ehepartner
kostenlos mitkrankenversichert sind, selbst wenn sie keine Kinder
großziehen. Negativ wirkt auch, dass die Witwenrente finanzielle
Sicherheit im Alter selbst dann verspricht, wenn eine Frau keinem
Beruf nachgeht. Und dass Minijobs es finanziell lohnend erschei-
nen lassen, wenige Stunden fast ohne Steuern und Abgaben zu
arbeiten statt viele Stunden mit vollen Abgaben. Ehegattensplitting
und all die anderen Hemmnisse wirken wie Frau-am-Herd-Prä-
mien, die Frauen für Berufstätigkeit finanziell bestrafen. Sie er-
schweren gerade Müttern, die nach der Geburt Kinder betreut haben, den Wiedereinstieg in den Beruf. Fast kein Industrieland zieht
dem zweiten Ehepartner so viel vom Gehalt ab, wenn er (in der
Realität: sie) wieder arbeiten geht. Dazu kommt, dass die Betreuung
der Kinder in Kita oder Schulhort Geld kostet. Lohnt sich dein Job
überhaupt, fragen Ehemänner, die es selbstverständlich finden, dass
sie selbst arbeiten gehen.

Allein eine Abschaffung des Ehegattensplittings würde eine halbe Million Menschen bewegen, anders als vorher Vollzeit zu arbeiten, rechnet das Rheinisch-Westfälische Institut für Wirtschaftsforschung vor. Die Abschaffung würde die Wirtschaftsleistung um bis zu 1,5 Prozent steigern. Adenauers CDU-Nachfolgekanzler Helmut Kohl und Angela Merkel verteidigten die Frau-am-Herd-Prämie von 1957 eisern. Vor der Bundestagswahl 2021 gelobten SPD und Grüne, etwas zu ändern. Nach der Wahl verteidigte der Koalitionspartner FDP die Frau-am-Herd-Prämie eisern.

Ähnlich einflussreich ist die Vorstellung der 1950er und -60er Jahre, Migranten sollten nach getaner Arbeit verschwinden. «Die Deutschen glaubten, dass sie die Arbeitskräfte schnell zurückschicken könnten», beschreibt das Bundespräsident Frank-Walter Steinmeier. Helmut Kohl vertraute der britischen Premierministerin Margaret Thatcher in einem vertraulichen Gespräch an, er wolle jeden zweiten der 1,5 Millionen Türken in Deutschland zurückschicken. Bis heute lehnen viele Bürger Migration ab. Oder sie denken rein an ihren Nutzen. Bevor jemand kommt, soll er durch Sprachkenntnisse, Abschlüsse etc. seinen Nutzen nachweisen, am besten nach einem «Punktesystem». Doch es kommen keine Nutzenfunktionen, sondern Menschen. Jemand möchte seine Familie mitbringen? Um Gottes willen.

Die vermeintliche Alternative für Deutschland (AfD) verdankt ihren Aufstieg zur zweitgrößten Oppositionsfraktion im Bundestag kruder Migrantenhetze. Zuwandererfeindlichkeit reicht inzwischen weit ins bürgerliche Lager und beeinflusst die Politik von Union und FDP. 2013 bestimmten Sprachwissenschaftler den Begriff «Sozialtourismus» zum Unwort des Jahres. Zehn Jahre später wirft Oppositionsführer Friedrich Merz Ukrainern «Sozialtourismus» vor, die vor Putins brutalem Krieg flüchten. Er will sogar das individuelle Grundrecht auf Asyl abschaffen.

Es wäre falsch, Probleme bei der Integration von Menschen aus anderen Kulturkreisen zu leugnen. Oder die naive Position zu vertreten, die Bundesrepublik könne alle Migranten aufnehmen, die ins Land wollen. Doch auch wer Migration differenziert betrachtet, ist vom kalten Nutzendenken oder feindlicher Ablehnung weit entfernt. Deutschland sollte ein menschlicheres Gesicht zeigen. Flüchtlinge aus Kriegsgebieten wie Syrien oder der Ukraine aufzunehmen, ist ein Gebot der Menschlichkeit. Zuwanderer als Arbeitskräfte zu werben, um den wirtschaftlichen Abstieg eines Personalmangels zu verhindern, ist ein Gebot wirtschaftlicher Vernunft. «Deutschland ist ein Einwanderungsland», sagt Andrea Nahles vor ihrer Tasse Kaffee. «Das haben wir mit dem Einwanderungsgesetz für Fachkräfte zugegeben, aber im internationalen Vergleich sehr spät.»

Damit der Bundesrepublik nicht die Arbeitskräfte ausgehen, muss sich Grundlegendes ändern. Firmen sollten aufhören, Beschäftigte ad hoc zu entlassen, die sie dann wie der Reisekonzern nicht ersetzen können. Sie sollten Eltern mit Kindern das Arbeiten erleichtern und Zuwanderer integrieren. Politiker und Bürger müssen die Denkschemata der Massenarbeitslosigkeit und den Mehltau der 1950er und 60er Jahre hinter sich lassen. Wie? Ein Programm in vier Teilen.

Mehr Frauen

In Deutschland sind 79 Prozent der Männer berufstätig und 72 Prozent der Frauen. Jüngere Frauen haben heute öfter Abitur und Hochschulabschluss als gleichaltrige Männer. Doch mit einer Teilzeitquote von 48 Prozent (der EU-Durchschnitt liegt bei 29 Prozent) arbeiten Frauen fast nirgends in den Industriestaaten so wenig wie in der Bundesrepublik. Die Teilzeitquote steigt sogar. Und da sind viele Mini-Teilzeiten unter 20 Stunden die Woche dabei.

Weniger zu arbeiten hilft, den Beruf mit Kindern zu vereinbaren. Doch Teilzeit bietet meist weniger Aufstiegschancen, weniger Fortbildung – und weniger Gehalt. Für 25 Prozent dieser Jobs wird nur Mindestlohn bezahlt. Wenn Frauen mehr arbeiten und sich Kinder und Haushalt partnerschaftlicher mit ihren Männern aufteilen könnten, wären sie nicht mehr solche Einkommensverliererinnen.

Sie verdienen im Berufsleben typischerweise halb so viel wie Männer. Wenn sie mehr arbeiten könnten, gäbe es weniger Personalmangel. Wenn alle Teilzeiterinnen zwei Stunden mehr die Woche arbeiteten, wäre das wie eine halbe Million zusätzliche Ganztagsstellen. Andrea Nahles sagt: «Frauen könnten länger arbeiten, wenn die Kinderbetreuung und andere Bedingungen besser werden.» Wir reden von ziemlich vielen Bedingungen: Neben Fehlanreizen wie dem Ehegattensplitting von mangelndem Kita-Angebot, schlechtem Gewissen und männlichen Arbeitsstilen.

Die deutsche Ökonomin Ulrike Malmendier machte ihre akademische Karriere in Kalifornien. Vor einigen Jahren kam sie für zwei Gastsemester nach Deutschland zurück. Malmendier hat drei Kinder, ihr Mann ist ebenfalls Spitzenforscher. In Amerika sei es kein Problem, Kinder und Beruf unter einen Hut zu bringen. «Dort gibt es einen liquiden Arbeitsmarkt an Nannys, die superengagiert sind, fit und klug. Die bringen den Kindern nebenher das Ukulele-Spielen bei, statt sie vor den Fernseher zu setzen.» In der Bundesrepublik war es für Malmendier schwierig, überhaupt jemanden zu finden. «Noch schwieriger ist es, jemanden einzustellen. Es gibt 400-Euro-Jobs, aber das sind nur wenige Stunden. Weil wir mehr brauchten, mussten wir eine Steuerkanzlei einschalten, die sich kümmerte.» Noch heute leitet die Uni Bonn verzweifelte ausländische Gastforscher an Malmendier weiter. Damit sie Tipps gibt.

Ja, Kindergärten und Schulhorte wurden in den vergangenen Jahren ausgebaut. Doch oft decken sie nach wie vor nicht die Betreuungszeiten ab, die arbeitende Eltern benötigen. Sie haben oft zu wenig Personal, um die Kinder gut zu betreuen. Und das wird sich verschärfen, wenn nichts getan wird: Bis 2030 fehlen in den Kitas mehr als 200 000 Fachkräfte. Schon jetzt können sich Eltern oft nicht auf die Betreuung verlassen. Kitas teilen morgens mit, leider sei jemand krank, weshalb man zwei Stunden früher schließe. Oder gar nicht aufmache. Die Stadt Tübingen kündigte an, viele Kitas aus Personalmangel ab 13:15 Uhr zu schließen. Und Tübingen ist überall. Andere Städte betreuen nur an drei Tagen die Woche. Die

Zuständigkeiten sind so kompliziert, dass sich Kommunen, Länder und Bund gegenseitig die Schuld zuschieben. Dabei bräuchte es verbindliche Kita-Ausbaupläne – und massives Anwerben von Quereinsteigern und Fachkräften im Ruhestand. Sonst wird man keine Eltern ermutigen, länger zu arbeiten.

Aber dazu fehlt ohnehin der flächendeckende Wille. In der Bundesrepublik ist es nach wie vor nicht selbstverständlich, dass arbeitende Mütter ihre Kinder betreuen lassen. Man macht ihnen ein schlechtes Gewissen.

Wenn Professorin Malmendier ihre Kinder in der deutschen Kita abholte, sagte das Personal oft: «Es wäre gut, wenn Sie ihre Kinder früher abholen könnten.» Arbeit von Frauen? Nicht so wichtig.

Wenn ihr Professorenmann die Kinder holte, sagte das Personal: «Wie toll, dass Sie es einrichten können!» Arbeit von Männern? Wichtiger als alles andere.

In dieser Kultur erklären sich Väter für unzuständig, wenn es um Kinder und Haushalt geht. Unternehmen versuchen zu wenig, Müttern das Arbeiten zu erleichtern. Und Mütter überfordern sich regelmäßig – oder entscheiden sich gegen eine Stelle mit ausreichend Stunden, die Karriere und gute Bezahlung ermöglicht.

Das ist auch kein Wunder bei der mangelnden Wertschätzung, die ihnen nicht nur viele Ehepartner entgegenbringen, sondern auch viele Arbeitgeber. Frauen verdienen nicht nur weniger als Männer, weil sie kürzer arbeiten. Rechnet man diese Unterschiede heraus, landen sie nur bei 80 Prozent des Einkommens. Einen Grund dafür nennt Timm Bönke vom Deutschen Institut für Wirtschaftsforschung: «Die meisten Chefs sind Männer und fördern eher Männer, auch wenn sie etwas anderes behaupten.»

Geschlechterrollen sind verfestigter, als es den Anschein hat. Ulrike Malmendier erzählt, wie es war, als sie sich um Lehrstühle bewarb. Eines ihrer bahnbrechenden Forschungspapiere stellte fest, dass Manager sich selbst überschätzen. «In den Universitätsgremien waren dann einige Männer fast schon persönlich beleidigt von meinen Ergebnissen. Die haben gesagt: ‹Hör mal, Ulrike! Ich kenne CEOs. Ich habe schon mit vielen CEOs zusammengearbeitet. Ich berate sie.› So in der Art: Mädel, du weißt ja gar nichts über echte Businessentscheidungen. Ich sage dir jetzt mal, was Sache ist.»

Mehr Kinder

Geburten anzuregen, wirkt natürlich nicht schnell. Bis der Nachwuchs im Berufsalter ist, vergehen fast 20 Jahre. Als langfristige Maßnahme aber ist die Familienförderung sehr klug. Eine alternde Gesellschaft mit Personalmangel und Rentenlöchern wäre geradezu in der Pflicht, das Kinderkriegen zu fördern. Die Bundesrepublik jedoch verleidet es. Es gibt keine konsequente steuerliche Familienförderung wie in Frankreich. Stattdessen subventioniert das Ehegattensplitting kinderlose Paare genauso wie Eltern. Wer ohne Trauschein zusammenlebt, erhält – anders als kinderlos Verheiratete – gar keinen Steuervorteil. Dass die Kinderbetreuung in Kitas und Co. ungewiss ist, hält manche beruflich ambitionierte Frau und manchen Partner davon ab, Nachwuchs zu bekommen. Auch das geringere Lebenseinkommen von Müttern und all die Ausgaben für Kinder können den Ausschlag geben, auf Kinder zu verzichten. Paare ohne Kinder und Singles verdienen und besitzen meist mehr als Eltern mit all ihren Zusatzausgaben. Für Alleinerziehende gilt das erst recht: 40 Prozent der Ein-Eltern-Familien sind einkommensarm.

All das könnte der Staat durch eine echte Familienförderung angehen. Weite Teile des politischen Spektrums haben aber offensichtlich kein Interesse, die Fehlanreize zur Kinderlosigkeit zu beheben. So versprach die FDP im Bundestagswahlkampf 2021 kinderlosen Paaren mit einem mittleren Einkommen von 5000 Euro monatlich ein genauso hohes Finanzplus wie gleichverdienenden vierköpfigen Familien. Familienförderung? Von wegen. Und damit nicht genug: Singles wollte die FDP ein fast doppelt so hohes Finanzplus bescheren wie der erwähnten Familie.

Das ist eine bemerkenswert einfältige Reaktion auf die Bevölke-
rungsentwicklung: Lebten vor einem halben Jahrhundert noch in
jedem zweiten Haushalt Kinder, ist das heute nur noch in jedem
vierten der Fall. Der Single-Anteil stieg auf 40 Prozent. Ohne eine
ernsthafte Familienförderung wird sich diese Entwicklung fortsetzen.

SPD und Grüne kündigten im Wahlkampf an, einkommens-
schwächere Familien mit Kindern stärker zu unterstützen. Die sogenannte Kindergrundsicherung soll Leistungen zusammenführen,
die Eltern wegen der Bürokratie oft gar nicht nachfragen. Und sie
soll die Unterstützung aufstocken. Ein ambitioniertes Vorhaben,
das viel Geld kostet. Zu viel für die FDP unter Sparminister Christian Lindner: In der Ampel-Koalition brach bald ein Streit um das
Renommierprojekt aus.

Mehr Ausbildung, mehr Ältere

Die Debatte über den Personalmangel hat sich verändert. Lange
Jahre ging es dabei nur um Hochqualifizierte, Mathematikerinnen,
Informatiker, Naturwissenschaftler, Technikerinnen. Die MINT-
Studiengänge. Doch inzwischen geht es um Fachkräfte insgesamt.
Und nicht nur um die: In mehr und mehr Bereichen fehlen auch
Arbeitskräfte ohne besondere Qualifikation. Firmen finden keine
Helfer mehr, die am Bau Stahl biegen. Jetzt rächt es sich, dass
Deutschland den kommenden Personalmangel lange als Eliten-
mangel gesehen hat. Um das demografische Loch zu stopfen, müs-
sen Politiker und Firmen viel breiter denken.

So sind gerade Fachkräfte mit dualer Berufsausbildung knapp.
Beim DIHK-Fachkräftereport meldet jeder zweite Betrieb hier ein
Problem. Es wird viel größer werden: Unter den geburtenstarken
Babyboomern, die jetzt in Rente gehen, sind besonders viele mit
Berufsausbildung. Gleichzeitig beginnen weniger junge Menschen
eine Ausbildung als zuvor. Dieser Trend schadet der ganzen Volks-
wirtschaft, warnt Bertram Brossardt von der Vereinigung der Baye-

rischen Wirtschaft: «Industrielle Fertigungskompetenz und Handwerk gehören zu unseren Stärken. Ohne starke duale Ausbildung wird unser Standort schwächer.» Das Fehlen von Fachkräften gefährdet den Erfolg bei wichtigen Zukunftsaufgaben, warnt DIHK-Geschäftsführer Achim Dercks: «Energiewende, Digitalisierung und Infrastrukturausbau – für diese Aufgaben brauchen wir vor allem Menschen mit praktischer Expertise.» Ohne ausreichend Heizungstechniker und Windradmonteure scheitert der Klimaschutz. Ohne Hände keine Energiewende.

Dabei liegt es an den Firmen, mehr Ausbildungsplätze anzubieten – und besser zu bezahlen. Manche Branchen knausern derart, dass sich niemand über Desinteresse wundern darf. Die Zahl der Bewerber ist doppelt so stark geschrumpft wie die Zahl der Ausbildungsplätze. Mit einem Mindestausbildungslohn hat die Regierung etwas getan. Sie kann noch mehr tun, sagt Friedrich Esser, Präsident des Bundesinstituts für Berufsbildung: Der gelernte Bäcker Esser verlangt mehr Wertschätzung für Ausbildungsberufe, damit die Deutschen umdenken. Wie in Österreich will er gesetzlich festschreiben, Meister einem Uni-Bachelor gleichzustellen. Wer nach einer Ausbildung einen eigenen Betrieb starte, stoße auf zu viel Bürokratie. «Und Kleinbetriebe benötigen mehr Unterstützung darin, Ausbildungsplätze anzubieten.»

In der Frankfurter Arbeitsagentur berichtet ein Berater, wie sie junge Menschen für Ausbildungen zu begeistern versuchen. Mit Virtual-Reality-Brillen kann jemand etwa ausprobieren, ob er fürs Dachdecken schwindelfrei ist. Die Brillen sind aber teuer. Agentur-Chefin Nahles mischt sich ein: «Da gibt's doch Anbieter, die was schenken können.» Würden sie auch. Aber bei Geschenken werden die Regelhüter der Behörde nervös. Der Berater zeigt auf ein halbiertes Opel-Modell, mit dem sie junge Leute über Jobs in der Autobranche informieren. Nicht mal das dürfen sie sich schenken lassen. Ein halber Opel. Er firmiert als «Dauerleihgabe». Andrea Nahles verzieht das Gesicht. Das gibt's doch nicht.

In Zeiten des demografischen Lochs müssen sich staatliche Insti-

tutionen wie die Bundesagentur für Arbeit modernisieren. Und die
Politik sollte die Potenziale jener heben, denen es an Qualifikation
fehlt. Mehr dazu im Kapitel *Der faule Staat wird offensiv*.

Gebraucht würden auch viele Ältere, die bisher früh aus dem Beruf ausscheiden. Dabei kommen mehrere überkommene Verhal-
tensweisen zusammen. Firmen schrieben ältere Mitarbeiter lange
Zeit ab. Sie investierten nicht in ihre Fortbildung, kümmerten sich
nicht um ihre Anliegen – und stellten schon gar niemand über 50
ein. Das ändert sich nur langsam, zu langsam.

Die Arbeitnehmer wiederum betrachten den möglichst frühen
Ruhestand bis heute oft als sozialen Besitzstand. Und hören möglichst früh auf. Obwohl vielen bei einem überstürzten Abschied aus
dem Berufsleben bald soziale Kontakte, Einkommen und Sinn fehlen. Zwar hat sich schon einiges geändert. So arbeiten heute von 60
bis 65 Jahren immerhin noch 57 Prozent der Frauen und 66 Prozent
der Männer. «Die Quote ist um 20 Prozent gestiegen», berichtet
Andrea Nahles. Und setzt hinzu: «Da ist noch mehr möglich.»

Mehr Zuwanderer

Selbst wenn es gelingt, Frauen und Ältere zu mehr Arbeit zu bewegen und andere Bürger:innen besser zu qualifizieren: Das wird
nicht reichen, um den Personalmangel zu beheben. «Es gibt kein
Szenario, bei dem wir ohne größere Einwanderung auskommen»,
sagt Andrea Nahles. Es gibt genau ein Szenario, das die sieben
Millionen vakanten Stellen bis 2035 füllt: «Wir brauchen im Saldo
400000 zusätzliche Arbeits- und Fachkräfte im Jahr.» Und das bedeutet, dass jedes Jahr bis zu 1,5 Millionen Menschen einwandern
müssen. Denn es wandern auch jedes Jahr bis zu 1,1 Millionen wieder ab.

Als Nahles' Vorgänger Detlef Scheele in einem Interview mit
mir die nötige Nettozuwanderung forderte, machte er bundesweit
Schlagzeilen – und erhielt Morddrohungen. Das passt zur verbreiteten Stimmung, nachdem 2015 gerade infolge des furchtbaren

Kriegs in Syrien viele Flüchtlinge kamen. Auf ihrer Ablehnung baute die AfD ihren Aufstieg auf, der sie als erste Rechtsaußenpartei seit den Nazis ins Parlament spülte und migrationskritische Töne bei Union und FDP förderte. Dabei entbehrt die Behauptung von den «faulen» Flüchtlingen jeder Grundlage. Obwohl sie oft traumatisiert sind, kaum Sprachkenntnisse haben und lange Anerkennungsverfahren sie zur Untätigkeit verdammen, ging nach fünf Jahren die Mehrheit der männlichen Flüchtlinge arbeiten. Bei den weiblichen Flüchtlingen, die oft Kinder betreuen, fehlt es noch mehr als bei den Männern an Hilfe bei der Integration.

Die Wurzeln der Migrationsfeindlichkeit reichen viel tiefer als 2015. «Die Bundesrepublik ist kein Einwanderungsland», legten Union und FDP 1982 im Koalitionsvertrag fest, mehr als 20 Jahre, nachdem Millionen Gastarbeiter ins Land geholt worden waren. «Wir waren nie ein Einwanderungsland und wir sind's bis heute nicht», wiederholte der zuständige Bundesinnenminister Wolfgang Schäuble (CDU) 2006. «Ganz lange wurden nach Deutschland Eingewanderte so behandelt, als würden sie das Land später wieder verlassen», sagt Bundeskanzler Olaf Scholz. «Wir sind aber längst Einwanderungsland.» Das sehen viele bis heute anders. «Deutschland ist kein Einwanderungsland», erklären 40 Prozent der Bürger. Nur 28 Prozent denken, dass Einwanderer gut fürs Land sind. Diese Deutschtümelei steht im völligen Widerspruch zur Realität einer Nation, in der inzwischen jede vierte Person einen Migrationshintergrund hat: 22 Millionen Menschen stammen aus einem anderen Land, oder ihre Eltern tun es. Die Deutschtümelei hinderte die Politik aber daran, frühzeitig die Weichen zu stellen, um ausreichend Fachkräfte ins Land zu holen. Oder Arbeitskräfte ohne besondere Qualifikation, die inzwischen auch knapp sind.

In der ersten Hälfte der 2010er Jahre wanderten von außerhalb der EU weniger als 40 000 Fachkräfte pro Jahr zu. Dann kamen etwas mehr, bis die Pandemie ausbrach. Woraufhin trotz des mit Fanfaren verkündeten Gesetzes zur Fachkräfteeinwanderung weniger Fachkräfte einwanderten. Ein Grund für den Misserfolg ist, «dass die Regelungen zu restriktiv sind», urteilt Bernd Fitzenberger, Direktor des Instituts für Arbeitsmarkt- und Berufsforschung.

Die Bundesregierung will die Einwanderung von Fachkräften nun weiter erleichtern. Auch wessen Ausbildung hier nicht anerkannt wird, soll kommen dürfen, wenn er qualifiziert ist und einen Arbeitsvertrag mit einer deutschen Firma hat. Oder sogar ohne Vertrag, wenn er bestimmte Punkte erfüllt. «Die Reformvorschläge sind richtig, reichen aber nicht aus», findet Fitzenberger. Auch die Wirtschaft macht Druck. Ausländerämter seien unterbesetzt, deutsche Konsulate im Ausland arbeiteten zu langsam. «Das beste Gesetz bringt nichts, wenn ausländische Fachkräfte in ihrer Heimat weiter ein Jahr auf ein Visum warten müssen», kritisiert DIHK-Geschäftsführer Achim Dercks. Ein Jahr? Wer so lange warten soll, geht lieber in ein anderes Land.

Anders als viele Deutsche glauben, strömen Fachkräfte nicht heran, nur weil Deutschland sich auf einmal bequemt, die Grenzen zu öffnen. Andere Länder befinden sich in einer besseren Position, Arbeitskräfte zu holen, die wegen des Alterungstrends überall fehlen werden. Die USA profitieren von den etablierten Migrationswegen aus Lateinamerika und der Weltsprache Englisch. Ihnen wird es gelingen, durch Einwanderer den Altersschwund zu kompensieren, so eine Studie der Vereinten Nationen und der Beratungsfirma BCG. Einwanderung der Zukunft entsteht aus den Netzwerken von heute. Auch Großbritannien befindet sich durch die Beziehungen zu den Ex-Kolonien in einer guten Situation.

Die Bundesrepublik befindet sich dagegen in einer einmalig schlechten Situation. Zuletzt wanderten viele Ost-, Mittel- und Südeuropäer ein. Sie verhinderten maßgeblich, dass die Bundesrepublik noch schneller alterte. Nun allerdings altern auch Polen, Spanien und die Nachfolgestaaten Jugoslawiens. In 15 der 20 Staaten, aus denen zuletzt die meisten Einwanderer nach Deutschland kamen, wird die Bevölkerung schrumpfen. Die Staaten brauchen ihre Arbeitskräfte selber. Es werden viel weniger nach Deutschland kommen.

«Der Personalmangel stört unser Leben und reduziert unseren Wohlstand», sagt die langjährige Siemens-Personalchefin Janina Kugel. Sie rät, um Einwanderer von außerhalb Europas zu werben. Es ließe sich ja viel tun: Behörden darauf ausrichten, Einwanderer anzuziehen statt abzuschrecken. Den deutschen Formalismus sausen lassen und ausländische Berufserfahrung anerkennen. Englischkenntnisse gelten lassen, weil kaum jemand die Nicht-Weltsprache Deutsch spricht. Den Einwanderern in ihrer Heimat einen Deutschkurs bezahlen. Jeden einwandern lassen, der ein Jobangebot einer deutschen Firma hat. Denn die kann wahrscheinlich am besten beurteilen, ob jemand geeignet ist – muss ihn aber dann nach Tarifvertrag bezahlen, um Lohndumping zu verhindern.

«Internationale Fachkräfte reagieren sensibel auf die Debatten in möglichen Zielländern», sagt Simon Jäger, Direktor des Instituts zur Zukunft der Arbeit. «Das sollte man bedenken, wenn wieder von einem Verramschen der Staatsbürgerschaft gesprochen wird.» Es kommen ja nicht Fachkräfte zu uns, sondern Menschen, sagt Andrea Nahles. «Und deshalb brauchen wir die Bereitschaft, sie eben nicht nur als Fachkräfte zu sehen, sondern als Menschen willkommen zu heißen. Sonst wird es nicht gelingen.» Kaum jemand weiß, dass in manchen Jahren viele Menschen kommen, aber auch viele abwandern. Viele Auswanderer beklagen, dass sie unterhalb ihrer Qualifikation arbeiten, weil ihre Berufsabschlüsse nicht anerkannt werden. «Außerdem hätten sie gern ihre Familie bei sich, die darf aber nicht kommen.»

Vor einiger Zeit traf ich den indischen Elektrotechniker Sanjay També. Als er Mitte der 1990er Jahre sein Studium abschloss, redeten die Deutschen schon über fehlende Fachkräfte. Handeln sah man nur die Amerikaner. US-Firmen richteten in Indien Jobmessen aus. IBM offerierte ihm eine Stelle, er zog in die USA. Als er für IBM vorübergehend in Deutschland arbeitete, gefiel ihm München besser als New Jersey. Die Mediamarkt-Gruppe wollte ihn sofort einstellen. «Aber die Behörden packten einen ganz hart an», sagt er. Mediamarkt sollte nachweisen, dass sich kein Europäer für den Job auftreiben ließ. Alle paar Monate zwangen ihn die Beamten, einen Tag in die Schweiz auszureisen. Er biss sich durch.

Japan, Großbritannien und Australien werben in Indien nach wie vor aktiver um Fachkräfte. Google lockt in Kalifornien mit indischen Schulen, in denen die Kinder mit Hindi, Yoga und veganem Essen umsorgt werden. «Die Deutschen haben nicht verstanden, dass Inder Familienmenschen sind», sagt er. Sie erkannten den Medizinabschluss seiner Frau nicht an. Sie musste zwei Staatsexamina nachmachen. Als die Behörden auch noch ein Jahr Praktikum forderten, gab sie auf – und durfte keine Arztpraxis eröffnen.

Das Rentendrama:
Abkassiert im Beruf, arm im Alter

Seit einigen Jahren kann man der Nation beim Altern zusehen. Als sich Ost und West wiedervereinigten, waren die Deutschen noch relativ jung, im Schnitt 39 Jahre alt. Die geburtenstarken Jahrgänge, geboren im Wirtschaftswunder-Optimismus, standen am Anfang des Berufslebens oder waren voll drin. Jetzt gehen sie in den Ruhestand, und die Bundesrepublik bekommt ein Problem. Wie soll eine schrumpfende Zahl von Arbeitskräften die ganzen Renten bezahlen?

Nachdem die Babyboomer geboren waren, sank die Geburtenrate von 2,2 Kindern pro Frau zeitweise unter eineinhalb. Seit 50 Jahren sterben jedes Jahr mehr Menschen, als geboren werden. Jede Generation ist kleiner als die ihrer Eltern. Und die Menschen leben immer länger. Was ja erfreulich ist. Doch Kinderschwund und Lebenszunahme befördern ein Rentensystem, in dem immer die aktiven Arbeitnehmer:innen die Ruheständler finanzieren, an den Rand des Abgrunds. Nach dem Zweiten Weltkrieg kamen sechs Arbeitnehmer:innen auf einen Rentner, dessen Altersbezüge sie durch ihre Beiträge an die Rentenversicherung finanzierten. Heute sind es nur noch drei. In gut zehn Jahren werden es nur zwei Beschäftigte pro Rentner sein, sagt der Ökonom Martin Werding voraus.

Als sich Ost und West wiedervereinigten, war jeder achte Bürger 67 und älter. Kein Problem, das zu finanzieren. Im Jahr 2040 wird jeder Vierte 67 und älter sein. Großes Problem, das zu finanzieren. Gerade wenn dann Millionen Menschen weniger arbeiten als heute. Vor den Deutschen klafft ein gigantisches Rentenloch.

Wer diese simple Mathematik schon mal gehört hat, mag sich fragen, warum sie hier detailliert ausgebreitet wird. Der Grund ist, dass die Nation auf das seit langem absehbare Rentenloch bisher kaum reagiert. Die Bürgerinnen und Bürger erklären in Umfragen, dass ihnen sichere, möglichst hohe Renten extrem wichtig sind – sie aber sehr früh in den Ruhestand wollen. Was nicht zusammenpasst. Eine Regierung nach der anderen erklärt, dass ihr sichere, möglichst hohe Renten extrem wichtig sind – sie diese aber nicht durch eine große Reform gewährleisten will. Was sich ausschließt. Wenn sich 2040 die Zahl der Rentner seit der Wiedervereinigung auf 20 Millionen verdoppelt hat, wird es keine sicheren, möglichst hohen Renten geben. Jedenfalls nicht für alle Menschen, die heute unter 50 sind und noch geboren werden. Das Alterssystem ist so nicht zu halten.

Einer, der das vorrechnet, ist Martin Werding. Er hat eine Professur für Sozialpolitik und öffentliche Finanzen in der alten Bergbaustadt Bochum. Als ich dort eintreffe, holt er mich freundlicherweise vom Bahnhof ab. Mit den zurückgekämmten weißen Haaren und der 60er-Jahre-Retrobrille sieht er wie der Prototyp des seriösen Staatsdieners aus. Als er nach dem Essen dringend eine rauchen muss, wirkt das schon leichtfertig. Werding rechnet seit vielen Jahren vor, wohin das Sozialsystem steuert. Er ist der Herr der Finanzlöcher. Niemand wird später sagen können, er habe es nicht gewusst.

Das Rentenloch ist ja nur eines der Dramen einer alternden, kinderarmen Gesellschaft. Die Seniorenrepublik Deutschland hat auch immer höhere Gesundheitskosten. Sie hat immer höhere Kosten für Pflege, für die Pensionen der Beamten, ihre medizinische Versorgung und die ihrer Angehörigen. Werding rechnet das genau vor. Demnach steigen die Gesamtkosten für Renten, Gesundheit, Pflege und Beamte von heute 22 Prozent der Wirtschaftsleistung bis 2060 auf gut 29 Prozent. Heute muss die Nation ein Fünftel dessen, was sie jedes Jahr mit ihrer Hände Arbeit erwirtschaftet, für Rente & Co. ausgeben. In einigen Dekaden wird es wegen der Demografie fast ein Drittel sein – das ist kaum zu bezahlen. Die absoluten Zahlen wirken noch weit deprimierender. Verschlingen Rente & Co. aktuell 750 Milliarden Euro pro Jahr, werden es 2060 2720 Milliarden sein. 2,7 Billionen Euro, das ist mehr, als 60 Millionen Franzosen im zweitgrößten EU-Staat jedes Jahr an Wirtschaftsleistung produzieren. Es ist mehr, als 170 Millionen Spanier, Türken und Polen jedes Jahr erwirtschaften.

Lassen die in den nächsten Dekaden steigenden Preise diese Kostenentwicklung übertrieben drastisch aussehen? Das Ganze lässt sich auch in heutigen Preisen darstellen: Dann kommt es zur Verdoppelung der Ausgaben. Immer noch mehr, als 46 Millionen Spanier jedes Jahr erwirtschaften. 2060 wird ein weitaus größerer Teil der deutschen Wirtschaftsleistung für Rente & Co. draufgehen. Die Nation steht vor einem gigantischen Altersloch.

Was es braucht, ist eine große Reform des Sozialsystems in allen Bereichen. Bevor zu viele Details ausgebreitet werden, ein exemplarischer Blick darauf, was in der Alterskasse geschehen muss.

Es gab eine Zeit, da stemmte sich die Bundesregierung gegen das absehbare Rentenloch. Sie bremste den Anstieg der Altersbezüge, um das System finanzierbar zu halten. Sie begrenzte so den Anstieg des Rentenbeitrags, den Arbeitnehmer und Unternehmen gemeinsam zahlen. Ohne diese Reform wäre der Rentenbeitrag, heute unter 19 Prozent des Bruttolohns, schon frühzeitig stark angestiegen – bis 2030 auf 26 Prozent. Schon für einen Single mit einem mittleren Verdienst wären 1200 Euro mehr Beitrag im Jahr fällig gewesen.

Leider ist es 20 Jahre her, dass sich eine Bundesregierung auf diese Weise gegen das Rentenloch stemmte. Es war unter der rotgrünen Koalition von SPD-Bundeskanzler Gerhard Schröder, der wegen seiner Nähe zu Wladimir Putin inzwischen große Teile seines Ansehens eingebüßt hat. Stets ein Mann großer Worte, fand Schröder damals reichlich Lob für Schröder: «Was wir mit der Rente gemacht haben, ist für Deutschland wirklich eine gewaltige Leistung.» Bei all seinen Fehlern muss man Schröder lassen, dass er das Alterssystem mehr stabilisiert hat als alle seine Vorgänger und Nachfolger. In der nachfolgenden Koalition von Union und SPD setzte Arbeitsminister Franz Müntefering noch durch, dass das Rentenalter schrittweise auf 67 Jahre erhöht wird. Das war die fällige Antwort darauf, dass das Rentenalter seit dem Ersten Weltkrieg konstant bei 65 lag, obwohl sich die Lebenserwartung der Deutschen in den 100 Jahren seither fast verdoppelt hat. Auch die Rente mit 67 entlastet die Alterskasse, weil erst später Altersbezüge gezahlt werden. Nach diesen Reformanstrengungen, gegen die viel Stimmung gemacht wurde, erlahmte jeder politische Eifer, das Rentenloch zu vermeiden.

In den vergangenen Jahren wurden stattdessen die Leistungen ausgebaut. Als wären die Finanzprobleme nicht schon groß genug.

Die langjährige Bundeskanzlerin Angela Merkel (CDU) und einige ihrer SPD-Minister gefielen sich darin, immer neue, teure Leistungen zu versprechen. Zusätzliche Renten für Mütter, eine Garantie gegen sinkende Renten, eine Grundrente für Menschen mit kurzen Arbeitszeiten, höhere Altersbezüge für Beschäftigte, die wegen Krankheit frühzeitig aufhören müssen. Manche dieser Leistungen sind sozial angebracht. So werden durch die Grundrente Menschen aufgefangen, die vorher trotz 35 Jahren Arbeit im Alter in die Sozialhilfe rutschten. Und die höheren Altersbezüge helfen krankheitsbedingten Rentnern, die vorher zu 50 Prozent arm wurden.

Lauter neue Leistungen einzuführen, ohne sich um die Finanzlücken des Alterssystems zu kümmern, ist allerdings kurzsichtig. Und vollends absurd war es, ein paar Jahre nach der überfälligen Erhöhung des Rentenalters eine neue Frührente einzuführen. Angesichts der leeren Kassen sollte die Politik gesunde ältere Arbeitnehmer ermutigen, zumindest bis zum offiziellen Rentenalter zu arbeiten. Stattdessen tat sie das Gegenteil. Bundeskanzler Olaf Scholz gibt zwar das Ziel aus, mehr Bürger sollten bis zum offiziellen Rentenalter arbeiten. Dabei vergisst er allerdings die neue Frührente, die die so genannte Große Koalition aus Union und SPD 2013 organisierte. Wer lange gearbeitet hat, konnte zunächst mit 63 Jahren und danach etwas später ausscheiden, ohne dass ihr und ihm ein einziger Cent von der Rente abgezogen wird. Hier handelt es sich wohlgemerkt nicht um Menschen, die gesundheitlich so angeschlagen sind, dass sie verdientermaßen früher aufhören dürfen.

Die Frührente ermöglicht gesunden Menschen einen früheren Ruhestand auf Kosten der Allgemeinheit – und konterkariert das Ziel, durch längeres Arbeiten die Alterskassen zu entlasten. Mit durchschlagender Wirkung: Seit der Jahrtausendwende hatte der Anteil über 60-Jähriger im Beruf stark zugenommen. Seit die Politik die Frührente eingeführt hat, stagniert er. So organisiert sich das Land zusätzlichen Personalmangel – und baggert das Rentenloch noch tiefer aus.

Warum schwenkte die Politik von der Rentenstabilisierung der Schröder-Zeit auf die Rentenlochausbaggerung der Merkel-Ära um? Eine Antwort darauf gibt der Bedeutungsverlust der etablierten Volksparteien. In den 1970er Jahren erhielten Union und SPD bei Bundestagswahlen zusammen 90 Prozent der Stimmen. Bei der Wahl 2021 war es genau die Hälfte. Analysen zeigen, dass Rentner und rentennahe Ältere die letzte sichere Bastion der einstigen Volksparteien sind. Eine Bastion, die ständig größer wird. Als Kanzler Schröder Einschnitte für aktuelle Rentner durchsetzte, bestand die absolute Mehrheit der Wähler aus Bürgern bis 45. Aus Menschen, die davon profitieren, wenn das Alterssystem finanziell stabilisiert und damit ihre späteren Altersbezüge gesichert werden. Inzwischen wählen mehr Senioren als es Arbeitnehmer bis 45 tun. Die Politik ignoriert die Jüngeren, um die Senioren mit höheren Leistungen günstig zu stimmen. Solange halt das Geld reicht.

Wohin das führt, ist offensichtlich. Alterung und Kinderarmut fressen sich in die Finanzen des Ruhestandssystems. Sie stürzen das Land mit mechanischer Präzision ins Rentenloch.

Die Politik kann das Rentenloch mit einer großen Reform verhindern – oder die Deutschen erleben ein Drama sondergleichen.

Um die fehlenden Beiträge fehlender Arbeitnehmer auszugleichen, müsste das Rentenniveau von heute 48 wahrscheinlich unter 40 Prozent des Durchschnittslohns schrumpfen. Das wäre für viele Senioren ein Einschnitt. Das Rentenniveau wird schon deshalb nicht so absinken, weil Union und SPD ihre Wählerbastion günstig stimmen wollen. Die Politik hat das Rentenniveau auf 48 Prozent

fixiert. Aber woher soll das Geld für all die Altersbezüge der Seniorenrepublik kommen?

Die Beruhiger argumentieren gerne, es sei alles nicht so schlimm,
weil die Arbeitnehmer immer produktiver werden. Wenn Informatikerinnen jedes Jahr mehr Software entwerfen als vorher und Fab-
rikarbeiter mehr Maschinen herstellen, nimmt die Produktivität
des Landes zu und mit ihr die Löhne. Die Arbeitnehmer:innen
können dann mehr Rentner finanzieren als die Generationen vor
ihnen. Allerdings sind die Renten ja an die Löhne gekoppelt, steigen
also mit ihnen. Und die Produktivität nimmt in Deutschland seit
längerem nur wenig zu. Woher soll also das Geld für all die Renten
kommen?

Kanzler Scholz ersann schon als Finanzminister eine Wunder-
waffe, einen Alters-Doppelwumms, um in seiner Sprachwelt zu
bleiben. Um das Rentenloch zuzuschütten, sollen einfach mehr
staatliche Mittel in die Rentenversicherung fließen. Viele Bürger
wissen allerdings nicht, dass dorthin schon heute 100 Milliarden
Euro Staatsmittel fließen. Um das Rentenloch zuzuschütten, wären
2040 zusätzlich 180 Milliarden Euro Staatsmittel nötig. «60 Prozent
des ganzen Bundeshaushalts würden in die Sozialversicherung gehen», rechnet Martin Werding vor. «Das ist völlig unbezahlbar.»
Ganz entgegen seiner dezenten Art sagt der Sozialprofessor bein-
hart: «Der Bundeskanzler liegt hier falsch.»

Denn was ist mit den Ausgaben für Schulen, Verteidigung, Verkehr, Soziales und alles andere? Oder sollen stattdessen die international bereits hohen deutschen Steuern auf Arbeit drastisch
steigen? Bezahlen müssten den Scholz'schen Alterswumms vorwie-
gend die aktuellen Arbeitnehmer, die bereits stark belastet sind.
Oder man finanziert es über die Mehrwertsteuer, die allerdings von
19 auf happige 26 Prozentpunkte steigen müsste.

Woher soll das Geld sonst kommen? Es ist absehbar, dass die
Politik einfach die Jüngeren zahlen lassen will. Alle, die gerade mitten im Berufsleben stehen, bald damit anfangen – oder noch geboren werden. Wenn sich die Politik vor einer großen Reform drückt

und die Altersbezüge unangetastet lässt, verlangt das Rentenloch, anders gestopft zu werden. Wie ein mythisches Seemonster reißt es den Schlund auf und fordert hunderte Milliarden. Zahlen müssen die Arbeitnehmer und ihre Arbeitgeber. Heute entrichten sie für Rente, Gesundheit, Pflege und Arbeitslosigkeit Sozialbeiträge von 40 Prozent des Bruttolohns. Um das Finanzloch zu schließen, müssten ihre Beiträge ohne Reform schon bis 2035 auf 48 Prozent steigen. Dazu kommt die Lohnsteuer, bei mittleren Einkommen rund 25 Prozent. Drei Viertel des Gehalts für den Staat? «Die Summe der Abgaben wird enorm belastend», kritisiert Martin Werding. Und in den Jahren danach geht es weiter: Bis 2060 würden allein die Sozialbeiträge über 53 Prozent steigen. Plus Lohnsteuer.

Warum sollen sich die jüngeren Bürger unter 50 das bieten lassen? Ihre Reaktion ist absehbar: Viele werden versuchen, dem Sozialsystem zu entfliehen. Für die bisherige Firma auf Projektbasis als Selbständiger arbeiten, wobei man nicht der Rentenversicherung angehören muss. Sich für eine Weile ins Ausland versetzen lassen, wodurch man auch die Rentenversicherung verlassen kann. Sich insgesamt selbständig machen. Wenn mehr und mehr Arbeitnehmer nicht mehr einzahlen, bricht das Alterssystem zusammen – für ältere Menschen das schlimmste Szenario.

Denkbar ist auch, dass die Jüngeren einen politischen Aufstand anzetteln, wenn sie überlastet werden. Denn sie müssten zahlen im Bewusstsein, dass die nächste Generation ihnen bestimmt keine ausreichenden Renten mehr finanzieren wird. Und das in einer Situation, in der sich viele Jüngere ohnehin als Verlierer des Klimawandels für den CO_2-reichen Lebensstil ihrer Eltern und Großeltern in Geiselhaft genommen fühlen.

Eine weitere Folge der Überlastung der Jüngeren ist, dass mit den Sozialbeiträgen die zusätzlichen Kosten für Firmen steigen, jemanden zu beschäftigen. Die Betriebe werden Stellen streichen oder ins Ausland verlagern. «Die Lohnnebenkosten steigen so, dass Deutschland weniger wettbewerbsfähig wird und Jobs verloren gehen», erwartet Martin Werding.

Alle unter 50 hätten völlig recht, nach dem Vorbild der Klima-streiks künftig *Fridays for Pension* zu veranstalten. Die Senioren durch hohe Rentenleistungen günstig zu stimmen und die Jüngeren zu ignorieren, ist eine politische Bankrotterklärung. Es wäre zutiefst unfair, bestimmte Generationen ins Rentenloch stürzen lassen. Die einzig faire Lösung ist eine große Reform, die alle einbezieht: Alte und Junge, Reiche und Betriebe, Beamte und Selbständige. Das ist auch die einzige Lösung, die funktioniert. «Mit einzelnen Reform-schritten bleibt der Anstieg von Ausgaben und Beitragssätzen, den die demografische Alterung erzeugt, weitgehend ungebrochen», schreibt Werding in einem Gutachten für den Bundesrechnungs-hof.

Wie könnte eine Reform aussehen? Fünf Punkte gegen das Ren-tenloch.

Senioren helfen mit

Eine Reform ist nur fair, wenn alle Generationen ihren Beitrag leis-ten. Auch die heutigen Senioren und jene Bürger, die bald in Rente gehen. Die Bundesregierung sollte den Anstieg der Altersbezüge bremsen, wie es letztmals Bundeskanzler Schröder durchsetzte. Dann leisten auch die Senioren einen Beitrag. Natürlich maßvoll, denn viele haben keine hohen Renten. Es gilt aber, falsche Panik-mache zu enttarnen. Ein sinkendes Rentenniveau bedeutet nicht, dass die Renten in absoluten Euro-Beträgen sinken. Das Renten-niveau von heute 48 Prozent gibt nur an, wie hoch die Altersbezüge eines einstigen Durchschnittsverdieners im Vergleich zum aktuel-len Durchschnittslohn sind. Auch wenn es um mehrere Prozent-punkte sinkt, steigen die Renten in Euro trotzdem, rechnete Axel Börsch-Supan von der Technischen Uni München bereits vor eini-gen Jahren vor. Denn die Löhne, an die die Altersbezüge gekoppelt sind, stiegen langfristig um 1,5 Prozent. Und zwar nach Abzug der Inflation. Auch sind die Altersbezüge zuletzt ansehnlich gestiegen: von 2010 bis 2020 im Westen Deutschlands um 25 Prozent, im Osten gar um 37 Prozent. Weil die Verbraucherpreise in dieser Zeit nur um 13 Prozent stiegen, blieb den Ruheständlern davon sehr viel übrig. Anders als behauptet wird, taugt ein bestimmtes Rentenniveau auch nicht als guter Indikator dafür, ob Altersarmut verhindert wird. Denn dieses Niveau gilt für Beschäftigte, die 45 Jahre lang Beiträge gezahlt haben. Arm sind im Alter aber vor allem jene, die kürzer berufstätig waren, weil sie beispielsweise als Mütter pausierten oder länger arbeitslos waren. Um Armut zu verhindern, bedarf es eigener Maßnahmen (siehe *Gegen Altersarmut*).

Beamte und Selbständige ins System

Rainer Schlegel sorgt mit einem Vorstoß für Aufsehen. Der Präsident des Bundessozialgerichts fordert, dass nicht nur Arbeitnehmer:innen in die gesetzliche Rentenversicherung einzahlen sollten. Sondern auch Ärzte, Anwälte, Beamte und Richter wie er selbst. Tatsächlich gibt es beim Ruhestand in Deutschland ein Zwei-Klassen-System. Beschäftigte sind verpflichtet, in die Rentenversicherung einzuzahlen. Dadurch sind sie voll dem Rentenloch der Umlage ausgesetzt, bei der eine schwindende Zahl von Arbeitnehmer:innen eine wachsende Seniorenschar finanziert. Selbständige können selbst für den Ruhestand vorsorgen; unterlassen sie das oder scheitern beruflich, kommt die Allgemeinheit für sie auf. Beamte verdienen zwar in der Regel weniger als Beschäftigte in der freien Wirtschaft mit gleicher Qualifikation. Sie zahlen aber kaum etwas für ihr Alter ein und bekommen deutlich höhere Pensionen als gesetzliche Rentner. Ärzte oder Anwälte zahlen in brancheneigene Versorgungswerke, die neben der Umlage am Kapitalmarkt anlegen, wodurch sie hohe Renditen erwirtschaften. Die meist hochqualifizierten Ärzte erhalten laut Bundesregierung im Schnitt 2450 Euro monatliche Rente, Notare 2600. Gesetzliche Rentner erhalten im Schnitt 950 Euro, nach 35 Beitragsjahren 1200 Euro.

Es spricht viel dafür, diese Zwei-Klassen-Gesellschaft zu beenden – und alle Berufstätigen in die Rentenversicherung zu holen.

Eine große Reform, die das Rentenloch auf Dauer schließt, ist eine gigantische Kraftanstrengung, zu der alle in der Gesellschaft solidarisch etwas leisten sollten. So lässt sich auch breiter politischer Rückhalt für eine solche Reform organisieren. Seit ich vor 25 Jahren begann, über Rentenpolitik zu schreiben, begegnen mir bei Plädoyers für eine Reform immer die gleichen Einwände: Gesetzlich Versicherte wollen keinen Beitrag leisten, da doch Beamte beinahe kostenlos an eine Pension kämen und Ärzte oder Anwälte ihr eigenes Süppchen kochen. Wenn alle in einer Solidarversicherung im gleichen Boot sitzen, gelingt eine Reform viel eher.

Natürlich funktioniert eine Rentenversicherung für alle nicht als finanzielles Wundermittel. Wer Selbständige ins System holt, muss ihnen später Altersbezüge zahlen. Zu den genauen Finanzeffekten gehen die Ansichten auseinander. Johannes Geyer vom Deutschen Institut für Wirtschaftsforschung verspricht sich, dass die finanzielle Basis der Rentenkasse gestärkt wird. Auch Skeptiker wie Martin Werding erkennen an, dass sich durch diesen Schritt zumindest Zeit gewinnen ließe, bis sich andere Reformteile auswirken.

Steuern einsammeln

Wenn alle in der Gesellschaft solidarisch etwas leisten sollen, ist auch über jene zu reden, die besonders finanzkräftig sind. Unternehmen etwa. Menschen mit hohen Erbschaften. Reiche, die hohe Kapitalerträge erzielen. Aus diesen Quellen könnten höhere Staatsmittel für die Rentenkasse kommen. Nicht als Scholz'scher Alters-Doppelwumms, der angeblich schmerzfrei alle Probleme löst, aber doch nur wieder die aktuellen Arbeitnehmer schröpft. Sondern als Staatszuschuss, für den nicht nur die Allgemeinheit, sondern bewusst die Finanzkräftigen herangezogen werden. Unternehmen, die sich durch verschachtelte Konstruktionen ihrer Steuerpflichten entziehen. Menschen mit Erbschaften über 100 Millionen Euro, denen in manchen Jahren zusammen 15 Milliarden Euro in den Schoß fallen, worauf zwei von drei Glücklichen keinen Cent Steuer bezahlen. Millionäre, die auf Kapitalerträge pauschal 25 Prozent Steuern zahlen, während die Mittelschicht ihre Arbeitseinkommen mit bis zu 42 Prozent versteuern muss.

Warum sollen Finanzkräftige für die Rentenversicherung mehr Steuern zahlen? Weil sie ihre Geschäfte besser betreiben und ihre Vermögen mehr genießen können, wenn sozialer Frieden herrscht. Sozialer Frieden aber ist undenkbar in einer Gesellschaft, in der die Alten um ihre Existenz bangen und die Arbeitnehmer finanziell ausgebeutet werden. Sozialen Frieden gibt es nur durch eine große Reform, die das Rentenloch dauerhaft stopft.

Was die Arbeitnehmer schaffen können

Zuerst müssen die Senioren ihren Beitrag leisten, alle Berufstätigen ins Rentensystem kommen und gezielt mehr Steuern eingesammelt werden. Dann, aber nur dann, lässt sich auch von aktuellen und künftigen Arbeitnehmern ein höherer Sozialbeitrag fordern. Nicht als Überforderung, bei der die Regierung aus politischer Feigheit alles den Jüngeren aufbürdet und die Sozialbeiträge eskalieren. Sondern als maßvolle Erhöhung um wenige Prozentpunkte.

Weil diese Arbeitnehmer noch länger leben werden als die heutigen Senioren und dabei viel gesünder sind als frühere Generationen, können sie auch etwas länger arbeiten. Bis Anfang der 2030er Jahre steigt das Rentenalter planmäßig auf 67. Danach sollte es in sehr langsamen Schritten etwas weitergehen, falls die Lebenserwartung wirklich steigt wie prognostiziert. Nach den Annahmen des Statistischen Bundesamtes nimmt die Lebenserwartung alle zehn Jahre um eineinhalb Jahre zu. «Also sollte das Rentenalter bis 2042/43 auf 68 Jahre steigen», schlägt Martin Werding vor. Von der Rente mit 70, die Arbeitgeber ständig fordern, wären die Deutschen noch weit entfernt – fast ein halbes Jahrhundert. Wer weiß, was bis dahin alles möglich ist, oder anders.

Den aktuellen und künftigen Arbeitnehmern darf die Politik aber nicht nur etwas abverlangen. Sie muss sie ihnen in den schwie-

rigen Zeiten mit höheren Sozialbeiträgen und gebremsten Renten-
anstiegen auch helfen: Indem sie eine zusätzliche Altersvorsorge
fördert und die gefloppten Riester-Renten reformiert (mehr im
Kapitel *Wohlstand für wirklich alle*). Dann helfen gute Erträge aus
der Vorsorge den Arbeitnehmern, die anderen Belastungen zu
schultern.

Gegen Altersarmut und Personalmangel

In zehn Jahren werden mehr Bürger im Alter arm sein als heute.
Der Anteil der Senioren, die auf Sozialhilfe fallen, steigt von neun
auf zwölf Prozent. Es gibt gesellschaftliche Gruppen, die besonders
gefährdet sind: Wer länger arbeitslos war, geringe Bildung hat oder
einen Migrationshintergrund. Und wer als Frau Kinder aufgezogen
hat. Während Väter im Schnitt mehr verdienen als kinderlose Männer, wird jede dritte Frau mit Vollzeitjob weniger als 1000 Euro
Rente bekommen.

Während die Republik auf ein kollektives Rentenloch zurast,
muss sich die Politik besonders um jene bemühen, die auf ein individuelles Rentenloch zurasen. Im Alter kein Geld zu haben, verletzt
die Menschenwürde. Mit der Grundrente geht die Regierung gegen
Altersarmut vor. Sie sollte damit nicht aufhören. Ein weiterer Schritt
wäre, Menschen mit geringem Einkommen für ihre Sozialbeiträge
etwas höhere Altersbezüge auszuzahlen als üblich. Damit wird nur
auf den ersten Blick vom Leistungsprinzip abgewichen, wonach jeder Altersbezüge exakt proportional zu seinen Beiträgen bekommt.
Denn das Leistungsprinzip gaukelt eine gerechte Rente nur vor.
Wer wenig verdient, lebt im Schnitt zehn Jahre kürzer als Gutver-
diener – und bekommt entsprechend weniger Rente. Krankenschwestern und Bauarbeiter bekommen nach einem harten Berufsleben deutlich weniger Jahre Altersbezüge als Manager. Wer das
Leistungsprinzip wirklich ernst nimmt, sollte also Einkommens-
gruppen mit geringerer Lebenserwartung mehr Rente zahlen.

Um Altersarmut zu bekämpfen, muss die Politik aber auch die

üblichen Denkschablonen verlassen. Nicht nur Rentenpolitik ist Rentenpolitik. Auch Arbeitsmarktpolitik ist Rentenpolitik. Wer Müttern die Berufstätigkeit erleichtert, verhilft ihnen zu höheren Altersbezügen. Wer mehr in Bildung und Ausbildung investiert, hilft Geringverdienern zu höheren Löhnen und Altersbezügen. Wer sich um die Integration von Flüchtlingen bemüht, bewahrt sie vor Altersarmut. All diese Maßnahmen dienen noch einem weiteren Zweck: Sie verschaffen dem Land mehr und besser ausgebildete Arbeitskräfte, an denen es in den nächsten Jahren sonst fehlen wird. Die Bundesrepublik kann den wirtschaftlichen Abstieg nur verhindern, wenn sie sowohl das Demografieloch wie auch die kollektiven und individuellen Rentenlöcher verhindert. Die hier vorgeschlagenen Maßnahmen helfen gegen das eine wie das andere: Eine große Rentenreform verhindert das Rentenloch und den Rückzug von Arbeitnehmern vom Arbeitsmarkt, die Berufstätigkeit wegen übertriebener Sozialabgaben wenig lohnend finden. Wenn Frauen mehr berufstätig sind, reduziert das den Personalmangel, füllt die Alterskasse und verschafft ihnen mehr Altersbezüge. Und wenn mehr Einwanderer geworben werden, hilft das gegen das Demografieloch – und gegen das Rentenloch auch.

Deutschland digitaler

Wer nach den wirklich großen unternehmerischen Erfolgsgeschichten der vergangenen Jahre fragt, hört vor allem Englisch. Google, Apple, Ebay, Facebook, Paypal, Instagram, LinkedIn, Amazon, Netflix und jetzt Open AI mit ChatGPT. Deutsch hört man selten. Chinesisch mit Alibaba, Bytedance (Tiktok), Tencent (WeChat) und Baidu öfter. Vielleicht ist das ein wenig ungerecht, denn das sind alles digitale Geschäftsmodelle. Und es gibt ja auch in der traditionellen Industrie Erfolgsgeschichten, dort, wo es raucht, stinkt und knallt. Nicht selten sind deutsche Unternehmen dabei, ob Konzerne oder die berühmten Mittelständler vom Typ *hidden champion*, den der Rest des Erdballs so gerne klonen würde. Aber: Digitale Geschäftsmodelle stellen *die* Umwälzung der Unternehmenswelt der vergangenen Dekaden dar. Und da lässt es schon tief blicken, dass sich unter den Top-Firmen des Dax-40-Index mit Zalando und SAP nur zwei digitale Geschäftsmodelle finden. Der Softwarekonzern SAP wurde vor schon mehr als 50 Jahren gegründet. Im Laufe eines halben Jahrhunderts hat es also genau *ein* digitales Geschäftsmodell unter die Top-Konzerne geschafft. Wenn sich in der Bundesrepublik nicht mehr digitale Geschäftsmodelle prominent etablieren, lässt sich der wirtschaftliche Abstieg kaum aufhalten.

Denn diese Firmenkonstruktionen stehen nicht nur für neue Produkte wie Social Media, Internetsuche oder Künstliche Intelligenz. Sie fegen wie ein Schock durch die Unternehmenswelt und vernichten Geschäftsmodelle. Den Verkauf von Musik haben Apple und Spotify übernommen. Die Werbung dominieren Google und Facebook. Bei der Jobanbahnung breiten sich Indeed oder LinkedIn aus. IPhone-Geknipse marginalisiert Kamerahersteller. Streaminganbieter wie Netflix oder Disney bedrängen Fernsehsender. Alles amerikanische Unternehmen, ein deutsches findet sich darunter nicht. Und bei diesen Beispielen wird es nicht bleiben.

Schon stellen die US-Digitalkonzerne die ganz großen Geschäftsmodelle in Frage. Zum Beispiel Banken, bei denen deutsche Geldhäuser dem Siegeszug digitaler Bezahlformen wie Apple Pay oder Paypal nichts entgegenzusetzen hatten. Oder Autohersteller, bei denen das Geld stärker mit Software als Hardware verdient wird, wobei Digitalos von Google bis Apple die Nase vorne haben könnten. Oder Versicherer, bei denen Allianz und Münchner Rück im Digitalen nicht sattelfest wirken. Oder den Handel, bei dem Aldi, Lidl und Co. den heimischen Markt im Griff hatten, beim explosionsartig wachsenden Onlineverkauf jedoch Amazon unterlegen sind. Es fällt auf, dass amerikanische und chinesische Digitalkonzerne ihre Multimilliarden-Gewinne nutzen, um gezielt in andere Branchen vorzudringen: Google in Gesundheit. Apple, Google, Facebook, Amazon, Alibaba und Tencent in Finanzen, bei Zahlungen, Krediten, Konten, Kreditkarten. Und so weiter. Nicht alles gelingt ihnen, aber wer insgesamt so viel verdient, hat einen kilometerlangen Atem und lächelt einen Missgriff weg.

Deutschen Unternehmen bleibt nichts anderes übrig, als sich stärker digital auszurichten – durch eine Innovationsoffensive sondergleichen. Um ihre Geschäftsmodelle zu verteidigen oder neue zu erschließen. Allerdings gibt es eine lange Misserfolgsgeschichte digitaler Innovationen, die die Deutschen nicht zu nutzen verstanden, etwa das MP3-Format. Dies begann schon nach dem Urknall, der Konstruktion des ersten funktionsfähigen Computers durch Konrad Zuse in den 1940er Jahren. Man mag dies mit einem Fokus auf die traditionelle Industrie entschuldigen, wo es raucht, stinkt und knallt. Und tatsächlich sind die Nachfahren von Carl Benz, Werner von Siemens und Friedrich Bayer mit diesem Fokus lange gut gefahren. Doch jetzt gilt es diesen Fokus – nicht zu ersetzen, aber zu ergänzen um einen Fokus aufs Digitale.

Ob deutsche Firmen bei der Digitalwelle der persönlichen Nutzeranwendungen wie Social Media, Musik oder Onlinehandel noch

ausreichend einsteigen können, steht in den Sternen. Es gibt Hoffnung in einem anderen Bereich: Bei der nächsten Digitalwelle der
Firmenanwendungen, die mächtig heranrollt. Denn da kann die in
Jahrzehnten erworbene deutsche Produktionserfahrung zum Vorteil werden. Dieser Kompetenz hat etwa die US-Industrie in vielen
Bereichen nichts mehr und die chinesische oft noch nichts entgegenzusetzen. Sie lässt sich einsetzen, um Umsätze bei der globalen Digitalisierung der Produktion zu nutzen. Deutschland hat
einen Weltruf für sein Ingenieurwesen. Der Fokus auf das, was
raucht, stinkt und knallt – er kann zum Sprungbrett in die digitale
Zukunft werden. Aber nur, wenn die Bundesrepublik nicht ihre
nächsten Innovationen verschleudert. So wie den 3-D-Druck.

Patentiert vor 30 Jahren am Fraunhofer-Institut in Aachen, zeigte
die Technik bald Verblüffendes. Sie druckte Pizzas. Oder eine Miniaturstatue von Angela Merkel, die die Kanzlerin auf der Hannovermesse in den Händen drehte. Revolutionär ist, dass Produkte
weder vorgefertigter Formen bedürfen noch aus größeren Stücken
gefräst oder geschliffen werden müssen. Der 3-D-Druck baut
Schicht auf Schicht auf. Weil digital, lassen sich Produkte rasant ändern und für Kunden individualisieren. Die Technik spart Material.
Sie eignet sich weniger für die Massenfertigung etwa von Autos als
vor allem für Produkte in kleinen Serien. Aber für die richtig. Die
Branche macht 20 Milliarden Dollar Umsatz im Jahr, Ende des
Jahrzehnts könnten es 90 Milliarden sein. Und genau dann, wenn
es interessant wird, verlieren die Deutschen wieder an Boden.

Vor einer Dekade setzten drei deutsche Hersteller internationale
Standards. Inzwischen wurde einer vom US-Konzern GE und einer
von Nikon aus Japan gekauft. Dorthin fließen jetzt die Gewinne.
Einer der Gründer berichtet, deutsche Kaufinteressenten hätten
nur halbherzige Konzepte gehabt: «Eine neue Technik gilt bei uns
erst was, wenn sie sich schon millionenfach bewährt hat.» Die
Amerikaner dagegen planen für die Zukunft, sagt er. Das gilt auch
bei Unternehmen, die die Technik nutzen. Auch da fallen die Deutschen zurück. 2016 setzte jede dritte befragte Firma 3-D-Druck ein,

weit mehr als in Amerika und Asien. Inzwischen setzen China, Südkorea und Kanada die Technik weit häufiger ein als deutsche Betriebe. Der deutsche Fokus auf Massenfertigung lässt Firmen den 3-D-Druck ignorieren. Die deutsche Tradition des Maschinenbaus lässt Firmen am altüberlieferten Fräsen festhalten. Die deutsche Kanzlerin drehte ihre Miniaturstatue auf der Hannovermesse wie ein Gimmick in den Händen, ohne sich weiter um diese Technik *Made in Germany* zu kümmern. Und die neue Regierung? Muss erst beweisen, dass sie es besser macht. «Es gibt keine konzertierte Aktion für den 3-D-Druck», bedauert ein zentraler Forscher.

Und wie steht es mit der Künstlichen Intelligenz (KI), über die wegen des Chatbots GPT alle reden? Man kann über die Anfängerfehler von ChatGPT lachen, dessen Recherchen einen New Yorker Anwalt blamierten: Er fußte seinen Antrag bei Gericht auf ein halbes Dutzend Justizfälle wie «Petersen gegen Iran Air», die der Chatbot alle erfunden hatte. Trotzdem ist klar, welches Potenzial KI aufweist, eine Technologie, die auf dem Acker Unkraut erkennt, Jobbewerbungen analysiert und Röntgenbilder auswertet. Diese Technologie dürfte die Unternehmenswelt in den kommenden Jahren revolutionieren. Wie verhalten sich die drei großen Wirtschaftsmächte? China erklärte KI schon Mitte der 2010er Jahre zur wichtigsten Zukunftstechnologie. Sogar Bürokraten in der Provinz tüfteln an Anwendungen. Es waren die USA, die nach all den digitalen Erfolgsgeschichten auch Open AI ChatGPT auf den Markt brachten. Der Bot hatte bereits nach zwei Monaten 100 Millionen Nutzer, so schnell war in der Geschichte des Internets noch kein Angebot. Zuvor steckte Microsoft zehn Milliarden Euro in das Start-up. «In Europa dagegen entsteht statt einer Revolution erst einmal ein neues Gesetz», hadert Sebastian Matthes im *Handelsblatt*. Ist das gerecht? Ja und nein.

Zum einen fällt natürlich auf, dass in Europa die neue Technologie (wieder mal) nicht so entschieden gefördert wird wie in Asien und Amerika. Zum anderen wäre es keine Lösung, wenn die EU auf ihr geplantes Gesetz verzichtet. Und die Gefahren Künstlicher Intelligenz ignoriert, die niemand anderes als Ex-Google-Chef Eric Schmidt drastisch ausmalt. KI-Modelle könnten soziale Netzwerke mit Fake News fluten und voll automatisiert Wahlen manipulieren, wie es im US-Wahlkampf 2016 zugunsten Donald Trumps russische Trolle noch mühsam von Hand erledigten. KI könnte für Terroristen biologische Datenbanken durchsuchen und tödliche Viren herausdestillieren. In Demokratien verbreiten sich solche Technologien oft mit dem naiven Glauben, sie würden nur für Gutes eingesetzt, warnt Schmidt. Die Erosion der amerikanischen Demokratie durch rechte Fake News auf Facebook und Co. belegt, wie ernst seine Mahnung zu nehmen ist.

Europa sollte also beides tun: Regulieren und fördern. Leider ist die Warnung berechtigt, dass sich Europa gerade aufs Regulieren versteift, während die anderen Wirtschaftsmächte im Turbomodus agieren. In China war Präsident Xi Jinping alarmiert, als Mitte der 2010er Jahre Google einen der besten Spieler des in Asien beliebten Go schlug. Die Regierung erhöht ihre Forschungsausgaben stetig. Am Ende des Jahrzehnts sollen ihre Unternehmen den Weltmarkt dominieren. Dafür dürfen die Betriebe ihre KI-Modelle mit riesigen Datenmengen trainieren. In vielen Geschäften hängen Kameras, die Kunden identifizieren, worauf der Einkauf vom Konto abgebucht wird. In Städten hängen an jeder Straßenkreuzung Kameras, die auch Menschen mit Schutzmasken erkennen. Die Staatsmacht überwacht flächendeckend ihre Bürger und liefert Daten ohne Ende, während Deutschland nur zeitweise kleine Beobachtungsgebiete zulässt. Daten- und Bürgerschutz ist wichtig. Aber dann sollte Europa seine Nachteile bei der Datengenerierung auf andere Weise ausgleichen. Etwa mit starker Förderung. Doch davon kann keine Rede sein.

Dabei fehlt es nicht an kluger Forschung. Von deutschen Wissenschaftlern kommen bahnbrechende Erkenntnisse bei neuronalen Netzen oder Bilderkennung. Björn Ommer entwickelte mit Forschern an der Ludwig-Maximilians-Uni München ein System, mit dem man per Texteingabe alle möglichen Bilder erzeugen kann.

Das Modell scheint ähnlich stark wie Programme wie Dall-E vom US-Pionier OpenAI. Doch weil es in Deutschland zu wenig Rechenleistung gibt, musste sich Ommer mit einem britischen Start-up zusammentun, das jetzt die Investoren anlockt. Der Forscher ruft nach Unterstützung der Politik, «wenn wir uns nicht komplett abhängig machen wollen. Unsere Forschung ist im internationalen Vergleich mehr als ordentlich. Aber die großen Firmen sitzen in den USA.»

In den USA haben die großen Digitalkonzerne Apple, Amazon, Facebook, Google und Microsoft mehr als 80 KI-Start-ups gekauft. Drei Viertel der großen Modelle Künstlicher Intelligenz entstehen gerade in Amerika. Wer glaubt, es handele sich hier um unausgereifte Spielereien wie bei den erfundenen Justizfällen «Petersen gegen Iran Air», der täuscht sich. Der globale Umsatz von KI-Anbietern dürfte 2023 auf 500 Milliarden Dollar steigen. Das ist so viel, wie 70 Millionen Thailänder jedes Jahr erwirtschaften.

Künstliche Intelligenz boomt

Globaler Umsatz mit KI in Milliarden Dollar

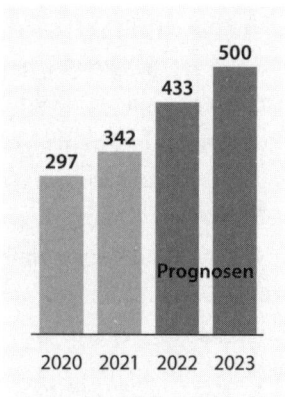

Quelle: International Data Corporation, Weltbank

Um sich nennenswerte Kuchenstücke zu sichern, muss Europa mehr Geld in die Hand nehmen. Die Firmen mit den meisten Patenten Künstlicher Intelligenz kommen aus den USA (drei), China (drei) und Südkorea. Sie haben 40 000 Patente angemeldet. Bis 2021 steckten Investoren in China 60 Milliarden Euro in KI, in den USA 150 Milliarden – und in Deutschland und Frankreich zusammen zehn Milliarden. «Im Moment ist es ein Wettrennen zwischen China und den USA», analysiert Andrew McAfee von der MIT University, der das Digitale seit langem erforscht. «Ich verstehe selbst nicht, warum Europa dabei keine größere Rolle spielt. Ihr habt die Menschen, das Geld, seid hervorragend ausgebildet und verfügt über Top-Universitäten – und trotzdem fehlt es an technologischen Durchbrüchen.» Europa boxt unter seiner Gewichtsklasse.

Die modernsten KI-Modelle brauchen leistungsfähige Datenwolken. Bei diesem Geschäft hat Europa schon sprachlich verloren. Statt von Wolken reden alle nur von *Cloud*. Während europäische Firmen zögerten, in das Geschäft mit der Datenspeicherung einzusteigen, gingen Amazon, Microsoft, Google sowie Alibaba und Baidu aus China voran. Heute kontrollieren die US-Konzerne zwei Drittel des europäischen Marktes. Dabei war hier mal frühzeitig der politische Wille zu einem starken Europa vorhanden. Das Projekt Gaia-X sollte eine europäische Wolke schaffen, wobei die Politiker schon damals *Cloud* sagten. Doch Gaia-X verpuffte. Europas Firmen fehlt der Mut, der lange Atem. Google investierte jahrelang Milliarden in ein globales Netz leistungsfähiger Rechenzentren. Es dauerte bis 2023, bis der US-Konzern erstmals einen Gewinn in dieser Sparte melden konnte. Künftig dürfte das Geld nur so sprudeln. Währenddessen streichen Deutsche Telekom und SAP ihre Cloud-Sparten zusammen. Europas Unternehmen verpassen mal wieder einen digitalen Zukunftsmarkt.

Digitale Geschäftsmodelle sind das eine. Ebenso wichtig erscheint es, die gesamte Unternehmenswelt stärker zu digitalisieren. Also die gesamten Prozesse der Betriebe mit Informationstechnologie zu modernisieren. Nur so bestehen deutsche Firmen im Wettbewerb mit anderen Nationen, die sich rasch digitalisieren. Mit China, wo es wirtschaftspolitisches Ziel der Regierung ist. Mit den

USA, wo die Innovationen der Digitalpioniere auf die ganze Firmenwelt ausstrahlen. Mit vielen kleineren Ländern, die sich oft rascher modernisieren als Flächenstaaten mit festgefügten Wirtschaftsstrukturen wie die Bundesrepublik.

Die Unternehmen breit zu digitalisieren, ist noch aus einem weiteren Grund zentral. Deutschland hat wie andere Industrieländer ein Problem mit der Produktivität. Die Produktivität eines Arbeiters steigt, wenn er mehr oder qualitativ hochwertigere Autos herstellt als ein Jahr zuvor. Die Produktivität einer Programmiererin nimmt zu, wenn sie mehr oder qualitativ hochwertigere Software kreiert als ein Jahr zuvor. Dann entsteht mehr Wirtschaftsleistung und damit mehr Einkommen. Also mehr Wohlstand. Die Produktivität zu steigern, ist essenziell für die Bundesrepublik, will sie nicht wirtschaftlich absteigen. Doch der Trend beunruhigt.

Das Wachstum der Arbeitsproduktivität lag in den 1970er Jahren bei vier Prozent, rechnet Michael Böhmer vom Analyseinstitut Prognos vor. Seit 15 Jahren liegt es unter ein Prozent. Dafür gibt es eine Reihe von Gründen. Den Strukturwandel der Wirtschaft von der Industrie hin zu teils weniger produktiven Dienstleistungen etwa. Die Integration weniger Qualifizierter in den Arbeitsmarkt, seit ab Mitte der Nullerjahre die Arbeitslosigkeit sinkt. Aber auch die Tatsache, dass es bisher kaum einen digitalen Schub für die Produktivität gibt. Die Bundesrepublik muss besonders wachsam sein: Sie liegt bei der Produktivitätsentwicklung in den vergangenen 15 Jahren unter den OECD-Staaten nur auf Rang 20. Eine breitere Digitalisierung könnte die Produktivität steigern.

Bisher konnten die Informationstechnologien ihre Vorteile in vielen Unternehmen noch gar nicht ausspielen. Es gibt stark digitalisierte Firmen, aber auch viele andere. Wie lässt sich breiter digitalisieren? Dafür müsste natürlich mehr investiert werden. Und die Firmen müssten wirklich alle Beschäftigtes egal welchen Berufs befähigen, mit grundlegenden Werkzeugen von PC über Software umzugehen. Außerdem: Vorarbeiten durch Künstliche Intelligenz erledigen lassen, die die Fachkräfte dann kontrollieren und darauf aufbauen. Und immer, wenn in Hard- und Software investiert wird, auch in das Organisationskapital investieren. Durch Schulungen, Weiterbildung, Vernetzung, um all die neuen Möglichkeiten überhaupt auszuschöpfen.

Andere Nationen sind da weiter. Ob in Skandinavien und im Baltikum oder, zumindest teilweise, in den USA und China. Warum hinken deutsche Unternehmen hinterher? Da mag die wenig offene Haltung gegenüber neuen Technologien eine Rolle spielen, die weite Teile der Gesellschaft kennzeichnet. Sich auf Neues einzulassen, würde aber ja nicht bedeuten, es kritiklos zu umarmen. Sondern nur, Chancen zu nutzen, statt sie anderen Ländern zu überlassen. Ein weiteres Hemmnis ist, dass es eben ein neuer Weg ist, die Firma und die Beschäftigten über Digitalisierung produktiver zu machen. Bisher haben die Manager eine neue Maschine gekauft oder die Schichten in der Fabrik verändert. Jetzt müssen sie umdenken.

Digitale Geschäftsmodelle, Digitalisierung der globalen Produktion mit deutscher Kompetenz, Künstliche Intelligenz, Digitalisierung der betrieblichen Prozesse für mehr Produktivität: Es gibt unzählige Bereiche, in denen deutsche Unternehmen aufholen sollten. Deutschland digitaler zu machen, liegt aber nicht nur in ihrer Verantwortung. Auch Politik und Verwaltung sind gefragt, die nötige Infrastruktur zu schaffen, Leistungen digital anzubieten – und auch sonst vieles zu verändern, um die Bürger in eine gute Zukunft zu führen.

Der faule Staat wird offensiv

Vor einer Weile brauchte die frühere SPD-Vorsitzende Andrea Nahles einen neuen Kühlschrank. In dem kleinen Dorf in der Eifel, wo sie herkommt und heute noch wohnt, gab es für sie nur eine Wahl. Sie rief den Elektriker an, ihren Schulfreund Bernd. Als Bernd den Kühlschrank installierte, hatte sie noch ein anderes Anliegen. Als neue Chefin der Bundesagentur für Arbeit wollte sie wissen, welche Erfahrungen Bernd als Firmenboss so mit der Jobagentur macht. Tja. Ihr Schulfreund schimpfte, er müsse immer erst einen Wisch unterschreiben. Bei der Bürokratie sei die Behörde groß, aber dann schicke sie ihm nicht rasch genug die Leute, die er dringend braucht. «Puh», sagt Nahles, als sie die Geschichte erzählt. «Die Handwerker haben wenig Geduld mit uns.»

Bemerkenswert ist, *wo* die oberste Jobberaterin der Republik von Schulfreund Bernd erzählt: Bei ihren Mitarbeitern in der Arbeitsagentur Adenau in der Pfalz. Nahles will, dass die 100 000 Beschäftigten der größten Behörde des Landes stärker aus Sicht ihrer Kunden denken. Die Kunden, das sind für sie die Arbeitslosen genau wie die Firmen, die Personal suchen. In der neuen Ära des Personalmangels gibt es nicht immer genug eindeutige Kandidaten, die Nahles' Mitarbeiter einer Firma einfach nur vorschlagen müssen. Sie müssen öfter beraten, ob jener auf den ersten Blick unpassende Kandidat vielleicht doch in Frage käme? Vielleicht durch eine Zusatzqualifizierung? So dass es eine Personallücke weniger, einen Arbeitslosen weniger, weniger Sozialausgaben und mehr Umsatz, mehr Einkommen und mehr Steuereinnahmen gibt.

Kundenorientierung? Natürlich gibt es Behördenleiter in Deutschland, die wie Nahles davon reden. Manche richten ihren Laden auch so aus. Bei anderen bleibt es beim Reden. Oder sie finden es absurd, Bürger als Kunden zu betrachten. Was wäre es für ein Fortschritt, wenn sich Staatsdiener flächendeckend an den Bürgern orientieren. Und die Politik die nötigen Voraussetzungen dafür schafft. Das würde Deutschland wirklich weiterbringen: Ein Staat, der seine Bürger wie Kunden behandelt und seine Leistungen ständig zu verbessern sucht. Für jene, die erstmal Lebenshilfe brauchen, bevor sie arbeiten können. Mit einem Bildungssystem, das mehr Potenziale der Menschen weckt. Mit dem Aufbau einer digitalen Infrastruktur, die die Bundesrepublik keine internationale Lachnummer mehr sein lässt. Eine Bürgerorientierung schafft materiellen Wohlstand, weil dadurch mehr Menschen arbeiten, die Qualifikation steigt und digitale Netze jeden Arbeitnehmer produktiver machen. Und sie schafft immateriellen Wohlstand, weil das Leben besser ist, wenn man berufliche Wünsche realisiert und weniger Zeit vor Behördenschaltern verbringt. In den vergangenen Jahren hat Deutschland die Weichen stattdessen in Richtung Abstieg gestellt: Mit einem kalten Sozialstaat, Bildungslücken und Offline-Modus. Der faule Staat sollte jetzt offensiv werden, um Wohlstand und Lebensqualität zu steigern.

Natürlich ist der Begriff «faul» gemein, ungerecht, erklärungsbedürftig. Er beleidigt Millionen Staatsdiener, die jeden Tag engagiert arbeiten, in Kitas oder Kliniken, Schulen, Wertstoffhöfen und Ämtern aller Art. Er beleidigt die engagierten Politiker, die das Land auch hat. Aber vielleicht nutzt der Begriff als Provokation, weil manche staatlichen Leistungen ja doch unübersehbar mangelhaft sind. Die 16 Regierungsjahre der passiven Kanzlerin Angela Merkel lähmen das Land. Ja: Bei der Ermächtigung von Arbeitslosen, Bildung oder Digitalisierung spielt Deutschland inzwischen zweitklassig. Trotz Millionen engagierter Staatsdiener. Besonders zu spüren war das in der Corona-Pandemie, als Gesundheitsämter der Ausbreitung des tödlichen Virus hinterherfaxten. Und Schulen Schüler aufgaben, statt digital zu unterrichten. Wie ihr Staat im Augenblick existenzieller Not versagte, schockte die Deutschen. Dieser Schock legt brutal offen, was sich schleichend als Versagen angesammelt hat.

Für dieses Versagen sind stark die Politiker verantwortlich, weil die meisten Staatsdiener in dem Rahmen agieren, der ihnen vorgegeben wird. Die drei Regierungschefs, die das Land seit der Wiedervereinigung lenkten, sind dabei unterschiedlich zu bewerten. Unionskanzler Helmut Kohl gab in seiner letzten Regierungsdekade Impulse für EU-Binnenmarkt und Euro, ließ innenpolitisch aber alle Zügel schleifen. So übernahm der SPDler Gerhard Schröder 1998 ein Land überholter Strukturen, steigender Arbeitslosigkeit und eines Sozialstaats, der Rentnern trotz massiver Alterung der Gesellschaft starke Erhöhungen versprach. Deutschland galt als Europas kranker Mann. Schröder versuchte, Deutschland ruckartig für die globalisierte Weltwirtschaft wettbewerbsfähig zu machen. Auch mit umstrittenen, aber grundsätzlich notwendigen Reformen, die Arbeitsplätze durch niedrigere Sozialkosten bezahlbarer und das Alterssystem durch Rentenanpassungen finanzierbarer machen. Diese Mammutagenda hat tatsächlich Deutschlands Exportstärke gerettet und sogar ausgebaut. Sie ließ jedoch wenig politische Energie für Bildung oder Digitalisierung übrig. Diese hätte Schröders CDU-Nachfolgerin Merkel aufbringen müssen, denn sie durfte die Früchte von Schröders Reformen genießen, die zur Halbierung der Arbeitslosigkeit beitrugen. Merkels 16 Jahre aber erschöpften sich in der Abwehr äußerer Herausforderungen von der Finanzkrise über die Eurokrise und die Flüchtlingsbewegung bis zur Pandemie. Staatliche Leistungen zu verbessern, unterließ sie auch aus Ideologie. Diesen neoliberalen Standpunkt brachte der US-Anti-Steuer-Aktivist Grover Norquist so auf den Punkt: «Ich möchte den Staat nicht abschaffen. Ich möchte ihn nur auf eine Größe reduzieren, durch die ich ihn ins Badezimmer schleifen und in der Badewanne ertränken kann.» Der Staat *soll* faul sein, weil das zum Besten der Menschen sei. Norquist brachte 200 Kongressabgeordnete dazu, ein Manifest zu unterzeichnen, wonach sie niemals Steuern erhöhen würden. Die FDP ging in den Wahlkampf 2021 mit dem Versprechen, niemals Steuern zu erhöhen. Union und FDP erfüllt die Überzeugung, den Staat auf Diät setzen zu müssen. Arbeitslose mit Qualifikationsmängeln oder Drogenproblemen aufwändig befähigen? Sind doch selber schuld. Digitale Netze ausbauen? Regelt der Markt. Schüler mit Lernschwierigkeiten fördern, damit sie gut ins Berufsleben kommen? Sind doch selber schuld, und den Rest regelt der Markt.

Wie damals Schröder hat mit Olaf Scholz erneut ein SPD-Kanzler ein schweres Erbe angetreten. Er muss neben Klimawende und Industriepolitik Digitalisierung, Bildung und die Ermächtigung von Arbeitslosen angehen. Er tut dies teilweise kraftvoll. Er muss allerdings die erste Drei-Parteienkoalition der Nachkriegsgeschichte zusammenhalten, der mit der FDP eine Staatsdiät-Partei angehört. Und er hat mit Russlands Krieg, Chinas Aggression, Energienot und Inflation Krisen zu bestehen, die denen der Merkel-Jahre nicht nachstehen. Bringt seine Koalition trotzdem die politische Energie für die innenpolitischen Reformen auf, mit denen der faule Staat offensiv werden würde?

Das schnellste Internet bekommen die Bürger durch eine Technologie, bei der Lichtimpulse in Lichtgeschwindigkeit durch hauchdünne Fasern rasen: Glasfasern. Bereits Helmut Kohl entschied sich jedoch gegen den landesweiten Glasfaserausbau. Stattdessen fummelte man an den alten Kupferkabeln. Die lagen ja schon fürs Telefonieren im Boden. So leiden Millionen Deutsche und hunderttausende Betriebe seit Dekaden unter lahmem Internet. Die Bundesrepublik liegt beim Glasfaser-Ausbau an dritter Stelle der über 30 OECD-Industriestaaten. Allerdings nur, wenn man von hinten zu Zählen beginnt. Kanzler Scholz verspricht nun, bis 2030 überall ein Gigabit pro Sekunde zu erreichen. Allerdings klagen die Telekomfirmen über bürokratische Tempodrosselung. Müssten sie ihre Kabel weniger tief eingraben, wäre das billiger – und schneller. Dazu kommt das Gebaren des früheren Monopolisten Deutsche Telekom, der Konkurrenz zu ersticken sucht. Mit dem Ergebnis, dass mehrere Firmen gleichzeitig Glasfasern legen, wo es lukrativ erscheint, während der Staat in anderen Regionen fördern soll. Da bedarf es klarer politischer Ansagen.

Und Ansagen reichen häufig nicht. Die Politik muss tief ins Detail nachverfolgen, wie staatliche Organisationen gesetzliche Vorgaben umsetzen. Weil es neben Millionen engagierter Staatsdiener auch die andere Seite gibt: Behäbige Bürokraten, mangelnden Mut, bremsende Personalvertreter. Das zeigt sich etwa bei digitalen Leistungen. Dabei könnten Behörden von den Bürgern lernen. Als die Pandemie den Alltag auf den Kopf stellte, eigneten sich die Bürger in Rekordzeit an, online einzukaufen, zu zahlen und zu arbeiten. Geht nicht? Gibt's nicht, zeigt das Homeoffice, das viele Beschäftigte zugleich produktiver und zufriedener macht. Nun sollte der Staat aufholen, um Firmen den internationalen Wettbewerb zu erleichtern und Bürgern den Alltag.

Dabei können sich die stolzen Deutschen viel von kleinen Nachbarn abschauen. Etwa von Estland, dem 50 Jahre Sowjetherrschaft eingeimpft haben könnten, dass Bürger Untertanen sind. Stattdessen wartet die kleine Baltenrepublik seit Jahren mit modernen digitalen Staatsleistungen auf. Aktuell entwickelt ein IT-Staatssekretär (!) mit seinem Team einen Sprachroboter für Lebensfragen, den *Bürokratt*. Wer mit der Handy-App einen entlaufenen Hund knipst, soll per KI den Tierschutz informieren. Arbeitslose sollen automatisch Job-Vorschläge bekommen. Und durch die Anwendung in Zukunft erwischt werden, wenn sie das Sozialamt betrügen. «Damit bezahlt sich der Bürokratt selbst», grinst der Staatssekretär.

Deutschland steht bei der Digitalisierung der Verwaltung EU-weit auf Rang 18 – von 27 Staaten. Tendenz Abstieg: «Wenn Bulgarien, Rumänien und Griechenland die technischen Lösungen implementieren, überholen sie uns demnächst», warnt Klaus-Heiner Röhl vom Institut der deutschen Wirtschaft. Kanzlerin Merkel, die das Internet als «Neuland» bezeichnete, hat die Bundesrepublik abgehängt. Wo sie sich Ziele setzte, wurden diese grotesk verfehlt. Das Onlinezugangsgesetz schrieb 2017 vor, staatliche Leistungen digital anzubieten. Binnen fünf Jahren sollten 600 Leistungen online zu erledigen sein. Tatsächlich war das dann nur bei 20 Prozent möglich. Eine Firma, die so arbeitet, würde pleitegehen. Deutschland kann die Energiewende weg von Putins Gas gleich aufgeben, wenn weiter für jedes neue Windrad 50 Aktenordner erforderlich sind – ausgedruckt, wie vor Jahrzehnten. Kein *Bürokratt*, nirgends.

Die Leistungen könnten nicht nur digitaler, sondern generell besser werden. Manchen Bürokraten prägt nach wie vor die Einstellung, er habe es mit Verwaltungsobjekten zu tun, mit Bittstellern. Und dann stellt sich Andrea Nahles hin und sagt, man wolle die modernste Digital-Organisation des Landes werden und insgesamt besten Service bieten. Das klingt zukunftsweisend ehrgeizig. Aber ausgerechnet die Bundesagentur für Arbeit (BA)? Als sie noch *Bundesanstalt* hieß, deckte ich 2002 auf, dass sie ihre Joberfolge schönte: bis zu 70 Prozent der vier Millionen gemeldeten Vermittlungen waren falsch. Im Zuge des Skandals kam auf, dass von den über 90 000 Beschäftigten nur 10 000 zuständig waren, Arbeitslose in Jobs zu vermitteln. Später wurde die Behörde kritisiert, weil sie aufgrund politischer Vorgaben Hartz-IV-Empfänger wegen ein paar zu viel gezahlter Euro verfolgte, statt sie zum Arbeiten zu ermächtigen. Noch 2019 machte sie Schlagzeilen als Musterfall für übermächtigen Einfluss von Lobbys, als die Arbeitgeber das erste weibliche Vorstandsmitglied der Behördengeschichte installierten – und zum Rücktritt drängten, als es nicht nach ihrer Pfeife tanzte.

Dieser Abriss verdeckt aber, dass es auch Erneuerung gab. Studien zeigen, dass die Halbierung der Arbeitslosigkeit auf 2,5 Millionen seit den Nullerjahren weniger auf Druck durch Hartz IV beruht als darauf, dass die Agenturen effizienter in Jobs vermitteln. Die BA war auch die erste staatliche Organisation, die die gesetzlich vereinbarte Anzahl von Dienstleistungen online anbot, woran die meisten anderen scheiterten. In den nächsten Jahren ist ein Großexperiment zu beobachten: Lässt sich der Riesenladen zu einem Dienstleister formen, der als Beispiel für modernen Staat taugt?

Wenn Deutschland durch das demografische Loch nicht wirtschaftlich absteigen soll, müssen sich solche Institutionen rapide modernisieren. Dafür sollten sie sich weniger mit sich selbst beschäftigen. Wenn BA-Mitarbeiter reden, ballen sich die Abkürzungen: AGS, VV, BBIE. Nahles bat vor ihrem Amtsantritt um eine

Liste. Aus der Zentrale kam ein dicker Wälzer. Mit Daumen und Zeigefinger deutet sie einen Ziegelstein an: «Bis ich das durchgearbeitet habe, sind schon drei neue Abkürzungen dazugekommen.» Sie lacht krachend. Statt sich in Bürokratie zu ergehen, sollte die Behörde junge Menschen für Ausbildungen interessieren, Beschäftigte in überflüssig werdenden Jobs umqualifizieren – und Arbeitslose schneller vermitteln. In Testagenturen wie in Frankfurt erproben sie neuen Service. In der Filiale stauten sich Arbeitslose früher vor dem Schalter 40 Meter lang auf die Straße. Jetzt können sie sich online anmelden, statt Schlange zu stehen. Während sie im Ankunftsbereich auf ihren Termin mit dem Berater warten, können sie sich per Tablet auf Jobs bewerben. Nur die kackbraunen Stühle erinnern an früher.

Für Modernisierung braucht es politische Impulse, die die Verwaltung in der Merkel-Mehltau-Republik selten bekam. Als in der Corona-Pandemie Millionen Bürger um ihren Job fürchteten, liefen bei den BA-Mitarbeitern im Homeoffice täglich bis zu 200 000 Anrufe auf. Die Telefon-Anlage streikte. Dienste wie Microsoft Teams hätten geholfen. Doch die Agentur darf sie nicht nutzen, wie die öffentliche Verwaltung insgesamt. Die Daten gehen in Server, die teils in den USA stehen. Und mit der hat die EU kein Datenschutzabkommen. Nicht erlaubt sind auch Bots, die Telefonanrufe automatisch abarbeiten. Die öffentliche Verwaltung darf auch keine Dolmetscherprogramme für die hunderttausenden Flüchtlinge aus der Ukraine nutzen. Behörden müssen Dienste wie Teams ignorieren, die für ihre Kunden zum Alltag gehören, kritisiert Nahles: «Die Technik ist da, die Zeit ist reif, aber wir dürfen nicht.»

Natürlich löst Digitalisierung keineswegs alle Probleme. Wenn sich ein Arbeitsloser nichts mehr zutraut, wenn er aus dem Berufsleben abdriftet, braucht es das persönliche Gespräch. In der Ära der Massenarbeitslosigkeit war dafür oft zu wenig Zeit. Ein Jobberater betreute teilweise 500 Arbeitslose. Die Detailhuberei deutscher Gesetze schrieb vor, dass Mitarbeiter Stunden vergeudeten, zu viel gezahlte fünf Euro zurückzufordern. Kein Wunder, dass hunderttausende Arbeitslose durchs Raster fielen. Menschen wie Ella Haug, die ich 2016 in Nürnberg getroffen habe. Sie hatte mal die Filiale eines Discounters geleitet. Da verdiente sie gut, war stolz auf ihre Arbeit. Dann kamen zu ihren zwei Kindern noch drei dazu. «Herr Haug», wie sie den Vater nur nannte, säuft viel. Mit den Kindern hilft er nicht. Der Alleinerziehenden fehlte die Betreuung, um zu arbeiten. Dann war sie irgendwann zu lange raus, als dass eine Firma sie einfach angestellt hätte. Sie kam im Versandhaus Quelle unter, weil kaum jemand Lust auf Nachtschicht hatte. Aber nach wenigen Tagen mochte die Oma nicht mehr nachts die Enkel hüten. Weg war der Job. «Allmächd!», Allmächtiger, ruft sie aus. Dieser fränkische Schicksalsruf entfährt ihr häufig, der Frau mit sehr vielen Furchen im Gesicht. Sie wollte einen Beruf lernen, aber das Jobcenter mochte nicht zahlen, weil es nicht an den Erfolg glaubte. Es schickte sie zu Ein-Euro-Jobs, die nirgends hinführten. Sie fiel aus dem Berufsleben heraus wie viele Langzeitarbeitslose. Ihre letzte reguläre Stelle hatte die 44-Jährige vor 17 Jahren.

Mit den Kindern ging sie zur Tafel, um kostenlos Essen zu bekommen. Den Kindern war das unendlich peinlich. Sie nahmen Aldi-Tüten zur Essensausgabe, damit die Nachbarn nicht sahen, dass sie arm sind. «Allmächd!» Ella Haug wollte da raus, aber sie wusste nicht mehr wie. Einen angebotenen Minijob brach sie ab. Erst war der Sohn die Treppe hinuntergefallen. Dann entwich zu Hause Dampf aus dem Gasofen und ängstigte die Kinder. Normalerweise kürzen Berater in so einem Fall die Unterstützung.

Ella Haug hatte Glück, sie kam in ein Modellprojekt. Bei Langzeitarbeitslosen besteht oft mehr als ein Hindernis für einen Job: Qualifikationsmängel, geringe Deutschkenntnisse, häusliche Gewalt, Drogen, Resignation. Der Sozialarbeiter Andreas Schäfer besuchte Ella Haug. Abends, außerhalb seiner normalen Arbeitszeit, als die ganze Familie zuhause war. Er sah zwei Geschwister auf der Förderschule, die viel Aufmerksamkeit brauchen, eine pubertierende Tochter, die oft ausrastet. «Wenn sich Frau Haug auf ein Kind konzentrierte, brach woanders ein Brand aus», sagt Schäfer.

«Frau Haug war gar nicht bereit, zu arbeiten.» Er überzeugte sie, der pubertierenden Tochter ein eigenes Zimmer zu geben und ihr den ersehnten Hamster zu versprechen, aber nur bei Wohlverhalten. Als sich die Situation zu Hause stabilisierte, ermöglichten die Berater Ella Haug die ersehnte Ausbildung. Sie lernte, im Altenheim Senioren zu betreuen. Sie hielt die Ausbildung durch. Sie bekam einen festen Job, den ersten nach 17 Jahren.

Im selben Modellprojekt war Alex Agho gewesen. Er kam als minderjähriger Flüchtling nach Deutschland, die Integration lief schief. Erst lehnte das Amt die Ausbildung ab, die er machen wollte. Als das Amt sie drei Jahre später bewilligen wollte, verdiente er schon gutes Geld bei BMW im Lager. Dann quetschte ihm eine Last den Fuß. Ohne Ausbildung blieb nur putzen, was die Familie mit den zwei kleinen Kindern nicht ernährte. Als ihm ein Job winkte, für den er einen Führerschein brauchte, zahlte das Amt nicht. Erst das Modellprojekt finanzierte den Führerschein, dadurch kann er als Sicherheitsmann arbeiten.

Alex Agho und Ella Haug zählten zu den immer noch knapp eine Million Deutschen, die ein Jahr und länger arbeitslos sind. Addiert man jene, die Sozialleistungen beziehen, aber nicht als Langzeitarbeitslose in der Statistik stehen, ist die Zahl noch höher. Mit jedem, der arbeiten geht, spart das Land Sozialausgaben und bekommt Steuern. Und die Firmen haben eine Arbeitskraft mehr.

Es wird nicht immer gelingen, Arbeitslose zu ermächtigen, aber es lohnt den Versuch und die Ausgaben. Ein kümmernder Sozialstaat sagt nicht «Selber schuld» wie die Neoliberalen, er sagt «Versuchen wir's». Die Ampel-Regierung weitet den kümmernden Sozialstaat jetzt von Modellprojekten zum Großversuch aus. Das Bürgergeld löst Hartz IV ab. Umgesetzt von der Bundesagentur für Arbeit soll es mehr Beratung statt Druck bringen. Und mehr Ausbildungsangebote statt des bisherigen Vorrangs, in einen Job zu vermitteln, egal wie schlecht bezahlt und perspektivlos. Die Union hat so eine Humanisierung von Hartz IV in 16 Jahren Merkel-Kanzlerschaft verweigert. Sie kritisiert jetzt das Bürgergeld, weil die Empfänger etwas mehr Geld erhalten. Als ob 500 statt 450 Euro im Monat ernsthaft viele Arbeitslose motivieren würden, nicht zu arbeiten. Der Anteil jener, die hartnäckig Jobs verweigern, liegt unter zehn Prozent. Ihnen drohen auch in Zukunft Kürzungen. Das Bürgergeld aber könnte einer alternden Gesellschaft liefern, was die dringend braucht: Mehr Menschen, die arbeiten, höhere Qualifizierung – und Beschäftigte, die in die leeren Renten-, Gesundheits- und Pflegekassen einzahlen.

Um das zu erreichen, müsste der Staat noch mehr leisten. Etwa jene neu qualifizieren, deren Stelle durch den Abschied vom Verbrennungsmotor oder durch Digitalisierung so nicht mehr gebraucht wird. Dafür sollte die Arbeitsagentur mehr Menschen beraten, die noch im Job sind. Um sie auf Neues vorzubereiten, ob in Stahlwerken, Autofabriken oder im Handwerk.

In Zeiten des demografischen Lochs darf auch nicht das Potenzial jener vergeudet werden, denen es überhaupt an Qualifikation fehlt. In Deutschland leben inzwischen 2,6 Millionen Ungelernte zwischen 20 und 35 Jahren – trauriger neuer Rekord. Jedes Jahr verlassen fast 50 000 junge Leute die Schule ohne Abschluss. Die Jobagenturen versuchen, auf sie zuzugehen. § 31a des dritten Sozialgesetzbuchs hält sie dazu an, junge Menschen «ohne berufliche Anschlussperspektive» zu kontaktieren. Dazu brauchen die Jobagenturen aber ihre Adressen. Statt diese zu liefern, verschanzen sich die Bundesländer hinter Untätigkeit – oder Datenschutz. Auf solche Art verspielt das Land die Chance, Menschen zu qualifizieren.

Und diese Frage beginnt ja viel früher als bei denen, die die Schule ohne Abschluss verlassen. Das ganze Bildungssystem sollte modernisiert werden, um jungen Menschen bestmögliche Startfähigkeiten mitzugeben. Ein rohstoffarmes Land, das sich zu lange auf seiner schwindenden industriellen Stärke ausgeruht und digitale Geschäftsmodelle verpasst hat, behandelt Bildung nebenbei – und opfert sie dem Durcheinander des deutschen Föderalismus. Schulen und Hochschulen sind eine der letzten Kompetenzen, die den Bundesländern verblieben sind. Der Föderalismus wird in der

Bundesrepublik für sakrosankt erklärt, weil die Nazis mit Zentral-
gewalt durchregierten. Doch das ist 80 Jahre nach dem zu späten
Untergang des Dritten Reichs kein Grund dafür, an Föderalismus
festzuhalten, wo er nicht funktioniert. Wie in der Bildungspolitik.
Es braucht mehr zentrale Steuerung durch die Bundesregierung.
Oder zumindest verbindliche Ziele, was einzelne Länder erreichen
müssen, bei den Fähigkeiten der Schüler, den Abbrecherquoten
und anderem. Statt sich aneinander zu messen, kochen die Länder
ihr individuelles Süppchen – und deutsche Schüler fallen international zurück.

Darunter leiden gerade junge Menschen mit herkunftsbedingten
Startnachteilen. In fast keinem anderen Industrieland klaffen die
Kenntnisse der Schüler unterschiedlicher Schultypen so weit auseinander. Zwischen Gymnasium und Hauptschule um mehrere Jahre.
Im Klartext: Ein 15-jähriger Hauptschüler kann vielleicht weniger
Mathe als eine neunjährige Grundschülerin, die bald aufs Gymnasium geht. Diese riesigen Unterschiede sind kein Wunder, denn
deutsche Bundesländer separieren die Kinder teils ab der fünften
Klasse in Schultypen. Also so früh wie kaum ein anderes Industrieland. Die skandinavischen Staaten, in den PISA-Schulvergleichen
seit Jahren oft ganz vorne, praktizierten diese frühere Separierung
früher auch. Und schafften sie dann ab. Erst dann begann ihr Weg
nach oben an die internationale Bildungsspitze.

Die frühzeitige Aufteilung der Schüler in der Bundesrepublik
sorgt auch dafür, dass ausgerechnet jene Schüler die wenigste Aufmerksamkeit bekommen, die diese am dringendsten brauchen:
Junge Menschen mit Startnachteilen. Zum Beispiel in Brennpunkt-
schulen, wo oft nur wenige Klassenkameraden Deutsch sprechen.
Und wo im Unterricht zu viel Unruhe herrscht, als dass jene folgen
könnten, die es wollen. Statt junge Menschen mit Startnachteilen zu
fördern, konzentrieren sich die Politiker auf die Nörgeleien jener
Akademikereltern, deren Kinder die Gymnasien dominieren, von
denen sie mit den besten Einkommensaussichten abgehen. Wer
nach dem Gymnasium einen Uni-Master oder eine Promotion/Ha-

bilitation erreicht, verdient mit 6200 beziehungsweise 8700 Euro brutto ein Vielfaches von jemandem mit Berufsausbildung (3500) oder gar ohne (2800). Im Durchschnitt, wohlgemerkt. Die individuellen Unterschiede sind viel größer.

Das Versagen in der Pandemie, als Schüler monatelang kaum unterrichtet wurden, hat die Kluft zwischen den künftigen Berufsteilnehmern vergrößert. Dabei wäre bessere Bildung für alle eine staatliche Leistung, die oberste Priorität haben sollte. Sie schützt davor, arbeitslos zu werden, wie es ein zweistelliger Prozentsatz von Menschen ohne Berufsausbildung leider ist. Sie steigert auch die Produktivität von Arbeitnehmern, und damit Wirtschaftsleistung und Einkommen. Höhere Produktivität hilft auch, den Schwund an Arbeitskräften zu kompensieren. Würde helfen. Die Realität im Deutschland von heute sendet Warnsignale.

«Unsere Gesellschaft erlebt aktuell eine der schwersten Bildungskrisen seit Gründung der Bundesrepublik», warnt ein Appell von hundert Verbänden aus dem Bereich. Das Bildungssystem sei veraltet, unterfinanziert, segregiert und sozial ungerecht. Gleichzeitig herrsche ein enormer Mangel an Lehrern und Erziehern. Und offenbar jede Menge Frust: 25 Prozent der Schulleiter denken darüber nach, den Job zu wechseln. Sie müssen jede dritte Stunde mit Verwaltung verbringen – das ist genauso viel, wie sie für die Schüler, den Lehrplan oder den Unterricht haben. Bei den Kompetenzen wie bei der Chancengleichheit der Schüler zeichnet sich ein alarmierendes Bild ab, so Ludger Wößmann vom Ifo-Institut für Bildungsökonomik in einer umfassenden Analyse. «Gleichzeitig scheint es der Bildungspolitik an klaren Strategien und gezielten Maßnahmen zu fehlen, um die Lage zum Besseren zu ändern.»

Strategie für die Zukunft? Politik und Bildungseinrichtungen gelingt es ja noch nicht mal, die Probleme anzugehen, die die Corona-Pandemie hinterlassen hat. «Meine Forschung über andere Pandemien zeigt, dass wir auch in Jahren noch sehen werden, dass die Schüler schlechtere Abschlüsse erzielen und weniger Geld verdienen», sagt die Ökonomin Ulrike Malmendier. Die Verantwortlichen müssen diese Schäden angehen – und *zugleich* Strategien für die Zukunft entwickeln.

Das aktuelle Gutachten des Aktionsrates Bildung fordert mehr Orientierung am Beruf in Schulen, Hochschulen und der Weiterbildung. Damit junge Menschen frühzeitig auf einen Job zusteuern, der ihnen liegt, und dafür in Schule und Hochschule die richtigen Fähigkeiten erlernen. Und damit sie später im Beruf umsteuern können, wenn Dekarbonisierung oder Digitalisierung es erfordern. Wichtig wären auch mehr Arbeitskräfte in den sogenannten MINT-Fächern, die für Innovationen in den Unternehmen zentral sind: Mathematik, Informatik, Naturwissenschaft und Technik. Dabei ist Deutschland international im Mittelfeld. Um das zu ändern, bedarf es einer Strategie, die früh ansetzt: Mehr MINT-Kenntnisse in der Schule vermitteln. Gezielt Schülerinnen überzeugen. Mehr MINT-Angebot in den Hochschulen schaffen. Mehr Fortbildungsangebote an den Hochschulen für Beschäftigte, die schon im Beruf stecken. Mehr Geld für dieses Thema – wie für andere Themen, bei denen der Staat kaputtgespart wird, bis er nur noch faul sein kann.

Einen niederschmetternden Befund liefert die Internationale Grundschul-Lese-Untersuchung (Iglu), die alle fünf Jahre durchgeführt wird. Demnach fallen Schüler mit Startnachteilen stärker zurück als in anderen Ländern. Und deutsche Grundschüler lernen generell immer schlechter lesen. Im Vergleich mit 43 anderen Staaten sind sie nur Mittelmaß. Besonders bei Viertklässlern ist es viel schlechter geworden. Jedes vierte Kind verlässt die Grundschule, ohne ausreichend lesen zu können. Was für ein Befund! Dabei war doch zur Jahrtausendwende ein Aufschrei durch das bildungsstolze Deutschland gegangen, als seine Schüler im internationalen PISA-Vergleich plötzlich deutlich abgefallen waren. Nun erklärt die Iglu-Untersuchung: Die Ziele, die die Kultusministerkonferenz nach dem sogenannten PISA-Schock vor mehr als 20 Jahren formuliert hatte, sind an vielen Stellen verfehlt worden. Die Kultusministerkonferenz ist das Steuerungsorgan der Länder. Es hat nun erneut 20 Jahre lang versagt. Es wird Zeit, den überkommenen Bildungsföderalismus in der Bundesrepublik zu reformieren. Die von den Bürgern in die Bundesregierung gewählte Koalition sollte mehr Macht erhalten, die Bildung zu verbessern.

Das wäre ein zentrales Element eines Energieschubs ohne gleichen, bei dem der faule Staat offensiv wird: mit schnellem Internet, digitaler Verwaltung, einem kümmernden Sozialstaat und Bildungschancen für Millionen Schüler, die sich gegen die aktuelle Inkompetenz nicht wehren können.

Wohlstand für wirklich alle

Die aktuellen Schock-Zeiten verlangen den Deutschen viel ab. Da sind die Infektionen, Ängste und Einkommensverluste der Corona-Pandemie. Da sind die Unsicherheiten, Ängste und Einkommensverluste von Krieg, Inflation und Energienot. Und dann sind da die Herausforderungen der nächsten Jahre: die Bedrohung der Industrie und des Exportmodells, der ökologische und digitale Umbau der Wirtschaft, Jobunsicherheiten, Umqualifizierung und dauernde Weiterbildung, Klimaschutzveränderungen bei Konsum, Verkehr, Wohnen, die Alterung der Gesellschaft mit Renten- und Pflegelücken und so weiter. Das sind sehr viele Belastungen auf einmal. Vielleicht zu viele. Angesichts all dieser Schocks und Herausforderungen wird einem leicht bange. Menschen ermüden. Zeiten des Wandels erschöpfen. Die Menschen werden leichter empfänglich für die Botschaft von Rechtspopulisten und Wahrheitsverdrehern, alles sei ganz einfach.

Umso wichtiger ist es, den Bürgern zu vermitteln, dass es bei all den Anstrengungen in der Gesellschaft halbwegs gerecht zugeht. Nein, mehr: Politisch zu handeln, damit es in Deutschland endlich *gerechter* zugeht. Für die Zeiten der Herausforderungen, des Wandels und der Belastungen braucht es: mehr Nettoeinkommen für breite Schichten, mehr bezahlbaren Wohnraum, mehr Hilfe beim Vermögensaufbau, Eindämmung der offensichtlichen Ungerechtigkeiten. Es braucht mehr «Wohlstand für alle», wie der berühmte Buchtitel des ersten Nachkriegs-Wirtschaftsministers Ludwig Erhard lautet.

Nach dem Zweiten Weltkrieg gestalteten die Industriestaaten ihre Gesellschaften gleicher. Damit reagierten sie auch auf die 1920er und -30er Jahre, auf den extremen Reichtum weniger, auf Inflationsopfer und Massenelend in der Weltwirtschaftskrise. Es lag am Wirtschaftswunder nach dem Zweiten Weltkrieg, dass breite Schichten zu Wohlstand kamen, mit Urlaubsreisen, Farbfernseher und Eigenheim. Es lag aber auch an der Politik: Sie verankerte Streikrechte in den Verfassungen, baute langsam einen Sozialstaat auf, schuf bezahlbaren Wohnraum. Und sie verteilte konsequent von Reich zu Arm um: In der Bundesrepublik unter den Kanzlern Adenauer und Erhard mit einem Spitzensatz der Einkommensteuer von 53, später 56 Prozent. In den USA und Großbritannien waren es sogar über 70 Prozent. Unter anderem das sorgte dafür, dass Reiche und Firmen ihren Beitrag zum Gemeinwohl leisteten und die Menschen das Gefühl hatten, es gehe halbwegs gerecht zu.

Ab 1980 drehte der Neoliberalismus diesen Trend völlig um. Manches davon lässt sich als Gegenbewegung zu Irrtümern der Zeit davor verstehen, als manche Regierungen zu viele Schulden aufnahmen und Gewerkschaften etwa in Großbritannien das Land lahmlegten. Der Neoliberalismus ging aber in die entgegengesetzte Richtung zu weit, schädlich weit: Seine Parolen weniger Gewerkschaften, mehr Markt, weniger Sozialstaat, mehr Gewinne und weniger Steuern für Reiche und Firmen ließen die Ungleichheit explodieren. Auch in der Bundesrepublik haben Niedriglöhne und Minijobs zugenommen, während gleichzeitig Vermögenseinkommen boomten. Das alles lag stark an der Politik: Sie senkte den Spitzensteuersatz von 56 auf 42 Prozent, besteuert Kapitaleinkünfte von Millionären nur noch halb so stark, rasierte die Arbeitslosenhilfe und verhinderte bis vor wenigen Jahren einen Mindestlohn.

Der neoliberale Schock hat Deutschland auseinandergerissen. Die zehn Prozent Topverdiener kassieren mehr Einkommen als die am schlechtesten verdienenden 40 Prozent Bürger zusammen – also als knapp 40 Millionen Menschen. Während die realen Löhne der Normalverdiener schrumpften, verdienten Dax-Vorstände 2021 24 Prozent mehr – und 53-mal so viel wie ihre Mitarbeiter. Die Armutsquote stieg binnen drei Dekaden von elf auf 17 Prozent. Jeder Zweite, der dauerhaft arm ist, kann sich keine Urlaubreise leisten; jeder Sechste keine neue Kleidung. Der Gini-Koeffizient, dessen

Zunahme eine größere Kluft zwischen den Schichten anzeigt, hat nach den aktuellsten Daten ein Rekordniveau erklommen.

Die Menschen spüren diese zunehmende Ungleichheit – und es verändert sie. Es frustriert sie, macht sie wütend, lässt manche an den etablierten Institutionen und Parteien zweifeln. Dass gutbezahlte Jobs erodieren, während gleichzeitig die Gewinne explodieren, lässt überall im Westen aggressive Rechtsnationalisten von AfD über Front National und Wahre Finnen bis Donald Trump aufsteigen, die die Demokratie unterminieren. Und jetzt kommen ja auch noch Jahre der Unsicherheit, der Herausforderungen und Belastungen. Die Ungleichheit zu verringern, ist also ein soziales und politisches Gebot, um den Wandel zu stemmen. Und es ist ökonomisch geboten.

Forscher einst marktliberaler Organisationen wie des Internationalen Währungsfonds haben längst den neoliberalen Mythos widerlegt, Ungleichheit sei gut fürs wirtschaftliche Wachstum. Die überbordende Ungleichheit der vergangenen Dekaden reduzierte das Wachstum in den Industriestaaten um mehr als fünf Prozent, rechnete die Organisation OECD schon vor Jahren vor. Denn Geringverdiener geben einen großen Teil ihres Einkommens aus. Haben sie wenig, reduzieren sie ihren Konsum, was die Wirtschaftsleistung reduziert. Topverdiener dagegen sparen ohnehin einen großen Teil ihres Topverdiensts; haben sie noch mehr Geld, geben sie nicht viel mehr aus. Die Unwucht beim Verdienst schadet direkt dem Wachstum. Negativ wirkt sich auch aus, dass Eltern bei knappen Einkommen an der Bildung sparen. Es kostet sie weniger, wenn ihre Kinder gleich arbeiten oder eine Lehre machen, statt auf die Universität zu gehen. Die Bundesrepublik hat durch die Ungleichheit Wachstum von mehr als 100 Milliarden Euro verloren.

Wenn mehr Gleichheit sozial, politisch und ökonomisch geboten ist, braucht es in der Zeit des Wandels ein klares Programm: Mehr für die Massen, weniger an der Spitze. Die Nation entwickelte sich seit der Jahrtausendwende auseinander, weil die 16-Jahres-Kanzlerin Angela Merkel die Ungleichheit ignorierte. SPD und Grüne haben andere Akzente gesetzt. Zumindest im Wahlkampf 2021: Da präsentierten sie einen Mix aus höherem Mindestlohn, Zuschlägen für ärmere Kinder, moderaten Steuererleichterungen für die Masse – und Steuererhöhungen für Topverdiener. Wie ich in detaillierten Rechnungen mit dem Zentrum für Europäische Wirtschaftsforschung (ZEW) darlegte, versprach das durchschlagende Wirkung: Eine vierköpfige Familie mit etwa 3000 Euro Monatsverdienst hatte ein Finanzplus von 3000 bis 4000 Euro im Jahr zu erwarten. Topverdiener mit 25 000 Euro Monatsverdienst sollten dagegen 13 000 Euro weniger behalten. Die Pläne von SPD und Grünen senkten das Armutsrisiko um mehrere Prozent – und das Ungleichheitsmaß Gini auch.

Die Pläne waren ein markanter Gegensatz zu Union und FDP: Deren Wahlversprechen sagten Topverdienern zehn- bis 20-mal so viel Finanzplus wie der Normalo-Familie zu – und hätten die Ungleichheit weiter vergrößert. Ein kaum zu übertünchender Gegensatz. Eine klare Lagerbildung.

Die Bürger wählten mit der Ampel allerdings einen Mix beider Lager in die Regierung. Seither versuchen SPD, Grüne und FDP, ihre kaum zu übertünchenden Gegensätze zu übertünchen. So haben SPD und Grüne im Koalitionsvertrag einen höheren Mindestlohn und Zuschläge für ärmere Kinder durchgesetzt. Ein Steuerpaket mit Erhöhungen scheiterte an der FDP. Parteichef Christian Lindner schloss mehr Gerechtigkeit kategorisch aus. Seither wacht er als Finanzminister darüber, dass nicht mal klimaschädliche Subventionen wie das Dienstwagenprivileg abgeschafft werden – auch das ist für ihn eine Steuererhöhung.

Die Bürger bekommen also einen Mix. Eine gewisse Reduzierung der Ungleichheit, die allerdings niedriger ausfällt, als das nach den Wahlversprechen von SPD und Grünen der Fall gewesen wäre. Und ein gewisses Finanzplus für Gering- und Normalverdiener, das allerdings ebenfalls niedriger ausfällt. Vor allem wenn die Zuschläge für ärmere Kinder (Kindergrundsicherung) nicht so hoch ausfallen, wie Grüne und SPD das planten. Und danach sieht

Wahlversprechen 2021

Finanzielles Plus pro Jahr in Euro pro Haushalt

SPD

Bruttoeinkommen	Alleinstehend	Paar mit zwei Kindern
20 000	±0	+3200
40 000	+150	+4030
60 000	+590	+1020
120 000	+460	+1090
300 000	−11 440	−12 840

Grüne

Bruttoeinkommen	Alleinstehend	Paar mit zwei Kindern
20 000	+110	+3420
40 000	+110	+3290
60 000	+110	+1930
120 000	−100	+750
300 000	−11 690	−12 990

CDU/CSU

Bruttoeinkommen	Alleinstehend	Paar mit zwei Kindern
20 000	+70	+890
40 000	+300	+940
60 000	+920	+1090
120 000	+4080	+2290
300 000	+8310	+10 500

FDP

Bruttoeinkommen	Alleinstehend	Paar mit zwei Kindern
20 000	+280	+2920
40 000	+1740	+870
60 000	+3420	+2000
120 000	+8180	+6560
300 000	+12 400	+18 160

es wegen des hinhaltenden Widerstands von Kassenwart Lindner aus.

In den Zeiten der Herausforderungen, des Wandels und der Belastungen haben die Bürger mehr verdient als diese Zwischenlösung: Nämlich ein Programm, das konsequent für mehr Gerechtigkeit sorgt. Mehr netto für Normalverdiener und gerade Familien, mehr bezahlbaren Wohnraum – und ein gesellschaftlicher Beitrag der Topverdiener. Natürlich darf man dabei nicht übertreiben. Die Topverdiener zahlen heute bereits einen großen Teil der Einkommensteuer. Aber ein höherer Beitrag ist gerade am oberen Ende möglich.

Entlastet werden müssen Geringverdiener und die Mitte der Gesellschaft, und zwar durch geringere Steuern und Abgaben. Ein Single, der durchschnittlich verdient, zahlt 48 Prozent seines Gehalts als Steuern und Sozialabgaben– mehr als in fast allen OECD-Industriestaaten. Deren Schnitt liegt bei 35 Prozent. Und weil Sozialabgaben anders als Steuern meist ab dem ersten verdienten Euro anfallen, schöpfen sie einen sehr hohen Betrag bei jenen ab, die wenig verdienen. Ein Single mit mehr als 8000 Euro Einkommen zahlt weniger Steuern und Abgaben als vor 20 Jahren, so das Finanzministerium. Eine Familie mit zwei Kindern, die nur 3400 Euro verdient, zahlt dagegen mehr.

Während vielen Bürgern wenig Geld bleibt, müssen sie immer mehr fürs Wohnen ausgeben. Mehr als zehn Millionen Menschen sind finanziell überlastet, weil sie mehr als 40 Prozent ihres Einkommens fürs Wohnen ausgeben, berichtet das Statistische Bundesamt. Viele ziehen aufs Land, weil sie sich die Stadt nicht mehr leisten können. Die Politik hat die Lage lange Zeit verschlimmert, indem sie massenhaft staatliche Wohnungen verkaufte und keine Sozialwohnungen mehr baute. Inzwischen hat sich manches verbessert, etwa durch die Mietpreisbremse. Aber an bezahlbarem Wohnraum fehlt es nach wie vor. Die Ampel-Regierung hat angekündigt, jedes Jahr 400 000 neue Wohnungen zu bauen, davon ein Viertel Sozialwohnungen. Doch es steht in den Sternen, ob sie dieses Ziel je erreicht.

Während Deutschland für Arbeitnehmer ein Hochsteuerland ist, wird eine andere Gruppe explizit geschont: «Für Vermögende ist Deutschland ein Niedrigsteuerland, insbesondere weil Riesen-Erbschaften nahezu steuerfrei sind», analysiert Stefan Bach vom Deutschen Institut für Wirtschaftsforschung. SPD und Grünen planten im Wahlkampf auch, Reiche stärker für die Allgemeinheit heranzuziehen – etwa über eine Vermögensteuer. Wie angebracht das wäre, zeigen die Daten. Zieht man die Schulden ab, gehören den Deutschen rund 8000 Milliarden Euro. Wäre dieses Nettovermögen gleich verteilt, hätte jeder rund 100 000 Euro. Nicht schlecht. Tatsächlich hat jeder aus der ärmeren Hälfte, also 40 Millionen Menschen, im Schnitt nur 11 000 Euro Besitztum. Wovon das eigene Auto ein Drittel ausmacht. Und: Die 11 000 Euro sind brutto. Zieht man die Schulden ab, besitzt jeder fünfte Deutsche gar nichts. Oder nur Schulden.

Dagegen entfällt ein Drittel des gesamten Vermögens auf das reichste Prozent der Gesellschaft. Ganz an der Spitze wird es so grotesk ungleich, als habe sich ein Marxist die Zahlen für den Aufruf zur Revolution ausgedacht: Die 45 reichsten Haushalte, die BMW-Erben Quandt, Aldi-Erben und Lidl-Gründer besitzen so viel wie die ärmere Hälfte der Bevölkerung zusammen. Also wie 40 Millionen Bürger. 45 Haushalte besitzen so viel wie halb Deutschland.

Dieser Grand Canyon der Ungleichheit ist keine Überraschung, denn es existiert in der Bundesrepublik seit Jahrzehnten keine Vermögensteuer mehr. Und die Erbschaftsteuer, die ja noch existiert? In manchen Jahren zahlen zwei Drittel jener Bürger, die 100 Millionen Euro und mehr erben, genau null Cent. Dazu kommt, dass multinationale Konzerne Gewinne hin- und herschieben, bis sie pro forma möglichst klein ausfallen. Unverfrorene Finanztrickser und Anwälte denken sich Steuerspar-Modelle für die reiche Minderheit aus, um die Ungleichheit bis in alle Ewigkeit zu zementieren.

Nötig ist ein großes Steuerpaket, das alle diese Auswüchse auf einmal beseitigt. Dadurch sind signifikante Einnahmen zu erwarten, von denen die Allgemeinheit profitieren würde. Allein ein paar Prozent mehr Spitzensatz der Einkommensteuer, weniger Ausnahmen bei Millionen-Erbschaften und eine Vermögensteuer für Superreiche bringen schon jährlich 30 Milliarden Euro Einnahmen. Zahlen müssten fast nur die zehn Prozent Topverdiener und -besitzer in Deutschland. Und dann lässt sich das eingenommene Geld dafür verwenden, der Masse der Bevölkerung zu helfen, echtes Vermögen aufzubauen.

Weniger exzessives Besitztum, aber mehr Vermögen für viele: Das ist kein Selbstzweck. «Geht es hier um Sozialneid, die Wurzel des Sozialismus?», kritzelte einst CSU-Chef Franz Josef Strauß an den Rand von Berichten über die (völlig gerechtfertigte) Verfolgung eines Steuerdrückers. Mehr Vermögen für viele hilft, die Risiken des Lebens zu meistern, die das Sozialsystem nur unzureichend abfedert. Die Miete wird erhöht, so dass sie kaum noch bezahlbar ist? Eine eigene Wohnung kann nur finanzieren, wer ein gewisses Vermögen hat. Mehr als 11 000 Euro. Und das gilt für viele andere Dinge im Leben. Den Kindern eine besonders gute Ausbildung finanzieren. Sich selber umorientieren, weil der Beruf nicht mehr gefragt ist. Den Eltern ein würdiges Alters- und Pflegeheim ermöglichen. Eine Fernreise machen, von der man das Leben lang geträumt hat. Familienmitglieder unterstützen, die Geld brauchen. Früher in Ruhestand gehen, weil der Körper zwickt. Was auch immer.

Für einiges davon stellt der Staat in unterschiedlicher Form Hilfe bereit. Aber oft nicht so viel, dass es wirklich reicht. Es reicht oft nur für eine C- oder D-Lösung. In einem der reichsten Länder der Welt sollten nicht Millionen Menschen für existenzielle Dinge auf C- und D-Lösungen angewiesen sein. Die Bundesregierung müsste ihnen beim Vermögensaufbau helfen. Mit hohen Zuschüssen für renditestarke Anlagen wie Aktien und Immobilien.

Was sie bisher leistet, ist ein schlechter Scherz: Komplex, bürokratisch und viel zu wenig, wie der Verteilungsforscher Markus Grabka schon 2019 mitleidlos resümierte: «Die Wohnungsbauprämie, die Arbeitnehmersparzulage und der steuerliche Freibetrag für

Belegschaftsaktien fördern nur einen begrenzten Personenkreis und diesen oft nur mit sehr geringen Beträgen.» Insgesamt lagen die staatlichen Zuschüsse damals nur ein Drittel so hoch wie 15 Jahre zuvor. Das sagt angesichts der sehr ungleichen Vermögensverteilung in der Bundesrepublik alles. Grabka fordert, die Politik müsse viel mehr Geld ausgeben, um überhaupt etwas zu erreichen. Er rät, die verschiedenen Förderungen zu fokussieren, damit vor allem jene profitieren, die es am dringendsten brauchen: Jene weniger besitzende Hälfte der Gesellschaft, die nur 11 000 Euro hat.

Grabkas DIW-Kollege Stefan Bach hat ein Modell vorgelegt, bei dem die staatliche Vermögensförderung auf 25 Milliarden Euro im Jahr erweitert wird. Etwa durch ein staatlich bezahltes Grunderbe von 20 000 Euro, das jeder mit 18 Jahren erhält. Bach rechnet auch gleich vor, dass sich diese Ausgaben komplett finanzieren lassen, wenn die obersten zehn Prozent angemessen Steuern zahlen.

Ein völliger Flop ist die staatlich geförderte Altersvorsorge via Riester-Rente. Deren Einführung war gut gemeint, aber schlecht gemacht. Woran die Politik nur teils eine Schuld trifft. Der Namensgeber Walter Riester, damals Sozialminister, plante kostengünstige Standardprodukte. Damit hätten die Bürger vorgesorgt und im Alter eine echte Zusatzrente bekommen. Doch Versicherer und andere Finanzkonzerne verhinderten die kostengünstigen Standardprodukte, wie mir Riester damals anvertraute. Die Regierung stand mit der ganzen Altersreform unter Zeitdruck. Das Bremsen der Rentenanstiege, das die Alterskasse (bis heute!) entlastet, ließ sich politisch nur durch die staatlich bezuschusste Riester-Vorsorge rechtfertigen, die das Einkommen im Alter wieder erhöhen sollte. Da sahen die Finanzkonzerne ihre Chance: Sie drohten der Regierung, sie würden kein einziges Vorsorge-Produkt anbieten, dürften sie nicht ihre hohen Provisionen kassieren. Riester musste schweren Herzens darauf verzichten, kostengünstige Standardprodukte vorzuschreiben.

Die Folgen sind gravierend: Weil die gesetzliche Rente einen immer geringeren Teil des gewohnten Lebensstandards abdeckt, wird

es für Millionen Menschen im Alter finanziell knapp. Diesen fata-
len Fehler muss die Regierung bei einer großen Renten-Reform
korrigieren: Indem sie Standardprodukte vorschreibt, die kosten-
günstig sind – und den Bürgern erlaubt, an den Renditechancen
von Aktien und Immobilien zu partizipieren. Dabei kann sie sich
an Vorbildern wie Schweden orientieren, «die eine weitaus höhere
Rendite erzielen als die in Deutschland geförderten Riester- und
Rürup-Renten», wie Grabka betont. Der Forscher schlägt vor, indi-
vidualisierte Vermögenskonten einzuführen, in die der Staat für
Menschen mit wenig Geld einzahlt. Schweden zeige, dass bei einer
relativ hohen zu erwartenden Rendite viele mitmachen.

Breite Teile der deutschen Bevölkerung besitzen lachhaft wenig,
wenn man es mit der deutschen Wirtschaftskraft vergleicht. Das
mittlere Vermögen in den meisten Euro-Staaten ist höher, wie Umfragen der Notenbanken zeigen. Deutsche besitzen also weniger als
Italiener, Spanier, Franzosen und Griechen. Wie kann das sein? Das
liegt daran, dass viele Deutsche zu wenig Geld übrig haben, um es
vernünftig anzulegen. Und dass ihr Geld meist nicht in Immobilien
und Aktien steckt, die weit mehr Gewinn abwerfen als typische
Zinsprodukte wie Sparbuch und Festgeld. Weniger als jeder Zweite
wohnt in der eigenen Immobilie. Und nur jeder Sechste besitzt Aktien. Zinsprodukte als Hauptanlage aber waren schon immer eine
schlechte Idee. In dreißig Bundesbank-Jahren von 1968 bis 1998 war
die reale Rendite von Sparbüchern im Schnitt null.

Die Bürger stehen vor Jahren und Jahrzehnten, in denen viel von
ihnen gefordert wird. Der Frieden in Europa ist verloren, sie müssen sich weiter- und neuqualifizieren, vor ihren Toren stehen feindliche Riesen wie China, das deutsche Exportmodell ist genauso gefährdet wie ihre Industrie, der Klimawandel verlangt Veränderungen,
das demografische Beben leert Personalreihen und Rentenkassen,
neue digitale Geschäftsmodelle drohen den Wohlstand in anderen
Staaten entstehen zu lassen und vieles mehr.

Diese Herausforderungen muss die Nation auf sich nehmen, um
wirtschaftlichen Abstieg zu verhindern. Es gibt keine Alternative.

Aber die Menschen werden diese Herausforderungen nur auf sich nehmen, wenn sie denken, dass es halbwegs gerecht zugeht. Wenn die hart erarbeitete Wirtschaftsleistung gerechter verteilt wird als bisher. «Es ist von Bedeutung, dass sich einige Menschen Fahrkarten für Weltraumausflüge leisten können, während andere vor städtischen Tafeln Schlange stehen», schrieb der Ökonom Anthony Atkinson. «Eine Gesellschaft, in der niemand private Abstecher ins All, dafür aber jeder sein Essen in normalen Geschäften bezahlen kann, hätte mehr Zusammenhalt und mehr Sinn für gemeinsame Interessen.»

Die Deutschen brauchen mehr Zusammenhalt und weniger Ego-trips, um sich in diesen Schock-Zeiten die Hände zu reichen und gegen den Abstieg zu stemmen.

Dank

Ich bedanke mich herzlich bei allen Gesprächspartnern in Wirtschaft, Wissenschaft und Politik, von denen ich seit den 1990er Jahren so viel lernen durfte. Sie alle aufzuzählen, würde den Platz sprengen. Wesentlich für dieses Buch waren auch meine Agentin Rebecca Göpfert und Matthias Hansl vom C.H.Beck-Verlag. Ich umarme meine Frau Hannah und meine Söhne Juri, Jonah, Jascha und Janis.

Anmerkungen

Häufig zitierte Medien werden abgekürzt. Frankfurter Allgemeine Zeitung=FAZ, Handelsblatt=HB, Süddeutsche Zeitung=SZ. Die Gespräche mit Wissenschaftlern und anderen Gesprächspartnern flossen oft in mehrere Kapitel ein. Sie werden bei den Kapiteln aufgeführt, bei denen ein größerer Teil ihrer Gedanken einfloss.

2020er Jahre, Schock-Zeiten

Gespräche Sebastian Dullien wiederholt seit 2019, Marcel Fratzscher seit 2014, Thomas Fricke 2022, Veronika Grimm seit 2020, Stefan Kooths seit 2020, Monika Schnitzer seit 2020, Moritz Schularick seit 2018, Achim Truger seit 2019
45 Reichen gehört so viel wie der Hälfte der Deutschen, SZ, 24.1.2018
Viele Jobs hängen am Export, Institut der Deutschen Wirtschaft, Februar 2020
Eine Zukunft ohne Fortschritt, Spiegel, 17.9.22
2000 Euro minus für jeden, SZ, 20.2.2023
Mittelfristprojektion im Frühjahr 2023: Wachstumspfad flacht sich merklich ab, Kieler Institut für Weltwirtschaft, März 2023
Kampf der Systeme, SZ, 27.5.2023
IWF: Deutsche Wirtschaft schrumpft noch stärker, SZ, 26.7.2023
Wie blicken junge Wähler:innen auf Politik, Parteien und Gesellschaft? Friedrich-Ebert-Stiftung, Juni 2023

Woher die Hoch-Inflation kommt/
Wie sich die Hoch-Inflation stoppen lässt

Der Name der Alleinerziehenden Neomi Weiner wurde verändert, um ihre Kinder und sie vor Diskriminierung zu schützen.
Gespräche Marcel Fratzscher, Sebastian Dullien, Stefan Kooths, Ulrike Malmendier 2022, Gunther Schnabl seit 2021, Timo Wollmershäuser seit 2019
Sehnsucht, SZ, 9.12.2011
Das Gespenst der Inflation, FAZ, 17.08.2014
Inflation soll wieder zurückgehen, SZ, 15.10.2021
«Hör mal, Ulrike!», SZ, 10.11.2022
Mehr oder weniger, SZ, 17.12.2022
Das Jahr, in dem die Preise laufen lernten, SZ, 4.1.2023
Kampf um die Kohle, Zeit, 5.1.2023
Wie die Schweiz globalen Krisen trotzt, SZ, 7.1.2023

«Viele Menschen hätten wohl gar nicht überlebt, ohne kriminell zu werden»,
Spiegel Online, 9.1.2023

Inflationserwartungen. Studie zu Erwartungen von Privatpersonen in
Deutschland, Deutsche Bundesbank, Januar 2023

Das gar nicht so große Trauma, SZ, 14.1.2023

Das Jahr der Bewährung, HB, 28.1.2023

Das deutsche Horrorjahr, Spiegel, 28.1.2023

Umfrage der Verbraucherzentralen, Januar 2023

Der doppelte Schlag für unseren Wohlstand, Welt, 30.1.2023

Sebastian Dullien, Silke Tober: IMK Inflationsmonitor – Deutliche Infla-
tionsunterschiede zwischen Arm und Reich im Jahr 2022, IMK Policy Brief
Nr. 144, Januar 2023

A defining moment for central banks, Financial Times, 3.2.2023

Verderbliches Geld, SZ, 6.2.2023

Why inflation will be hard to bring down, Economist, 18.2.2023

Joachim Ragnitz, Gewinninflation und Inflationsgewinner, Ifo-Institut, März
2023

Die Inflation ist nicht nur eine englische Krankheit, HB, 28.6.2023

Warum die Inflation gerade in Deutschland so hoch ist, FAZ, 17.7.2023

Gesellschaft für Konsumforschung, Sorgen der Deutschen im Wandel, Juli
2023

Die Regierung muss mehr für die Verlierer tun, SZ, 1.8.2023

Klimafreundlich aus dem Würgegriff

Gespräche Veronika Grimm, Tom Krebs, Simon Müller 2023, Miriam Rehm
2023

Mario Mehren, 50 Jahre Erdgas-Röhren-Vertrag, Ost-Ausschuss der Deutschen Wirtschaft, 3.2.2020

Werner Krause, Denis Cohen, Tarik Abou-Chadi, Does accommodation
work? Mainstream party strategies and the success of radical right parties,
Cambridge University Press, 25.3.2022

Kein grüner Land, Spiegel, 16.4.2022

Schlimmer als Corona, SZ, 10.5.2022

Rekonstruktion eines Staatsversagens, HB, 11.7.2022

Die Panik der Bosse, Spiegel, 17.9.2022

Süchtig nach Russengas, Neue Zürcher Zeitung, 30.9.2022

Eine Bazooka gegen den Abstieg, Spiegel, 8.10.2022

Die Wüste bebt, Spiegel, 12.11.2022

Die Ampelkoalition will den Erneuerbaren-Ausbau kräftig beschleunigen,
HB, 20.11.2022

Pflaster für die Industrie, HB, 27.11.2022

Endspiel, HB, 16.12.2022

Deutsches Steuerrecht blockiert die Energiewende, SZ, 4.1.2023

Ampelschmelze, Zeit, 19.1.2023

Bedrohte Energiewende, HB, 19.1.2023

Der Schlüssel zur Klimawende, HB, 20.1.2023

Nationale Akademie der Wissenschaften Leopoldina, acatech – Deutsche Akademie der Technikwissenschaften, Union der deutschen Akademien der Wissenschaften, Wie wird Deutschland klimaneutral? Handlungsoptionen für Technologieumbau, Verbrauchsreduktion und Kohlenstoffmanagement, Februar 2023

Klimaneutralität wird sehr schwer zu erreichen sein, FAZ, 6.2.2023

Der gebremste Solarboom, HB, 7.2.2023

Franziska Holz, Christian von Hirschhausen, Robin Sogalla, Lukas Barner, Björn Steigerwald, Claudia Kemfert, Deutschlands Gasversorgung ein Jahr nach russischem Angriff auf Ukraine gesichert, kein weiterer Ausbau von LNG-Terminals nötig, DIW aktuell, Februar 2023

Mehr Windräder machen noch keine Energiewende, SZ, 8.2.2023

Wie sich Klimaschutz und solide Staatsfinanzen verbinden lassen, SZ, 27.2.2023

Almut Kirchner, Aurel Wünsch, Jan Limbers, Inka Ziegenhagen, Andreas Kemmler, Wirkungen von beschleunigten Genehmigungsverfahren und Klimainvestitionen, Prognos-Institut, Februar 2023

Habeck und Geywitz drängen auf Verbot neuer Öl- und Gasheizungen, HB, 1.3.2023

Das Strom-Paradox, SZ, 4.3.2023

Das 900-Milliarden-Risiko, HB, 6.3.2023

Klimaschutzverträge sollen versteigert werden, HB, 8.3.2023

«Niemand rennt in den Keller und reißt das raus», SZ, 10.3.2023

Irgendwann, SZ, 15.6. 2023.

Deutschland verfehlt seine Windkraft-Ziele, SZ, 21.7.2023.

Deutschland dürfte Klimaziele deutlich verfehlen, HB, 25.7.2023

Die Ampel verfehlt das Klimaziel, SZ, 24.8.2023

Industriepolitik für die grüne Revolution

Gespräche Daniel Friedrich 2023, Veronika Grimm, Tom Krebs wiederholt seit 2018, Moritz Schularick

Sonnenuntergang, SZ, 29.3.2012

US-Regierung, Inflation Reduction Act Guidebook, 2022

Fact Sheet zum IRA, US-Regierung 19.8.2022

Die Panik der Bosse, Spiegel, 17.9.2022

Endspiel um die Industrie, HB, 15.12.2022

Tom Krebs, Modern Climate Policy: Moving beyond the market-liberal paradigm, Forum New Economy 2023

Thomas Fricke, Xhulia Likaj, Maren Buchholtz, Sonja Hennen, Tom Krebs, David Kläffling, Mapping the State of a Shifting Paradigm, Forum New Economy 2023

Can the EU keep up with the US on green subsidies?, Financial Times, 1.2.2023

Kanzler Scholz fordert vier bis fünf neue Windräder pro Tag, SZ, 7.2.2023

Wettrennen um die Solarindustrie, SZ, 14.2.2023

Going great guns, Economist, 18.2.2023

«Gasheizungen generell zu verbieten, ist falsch», SZ, 8.3.2023

«Gehen wir diesen Weg nicht, kommt das sichere Aus», SZ, 14.3.2023

EU kontert Chinas Dominanz, HB, 17.3.2023

Europa bricht mit liberalen Prinzipien, HB, 16.3.2023

Viele Volkswirte in Europa sehen US-Gesetz gegen Inflation kritisch, ifo Institut/EconPol Europe, 2.6.2023

Wirtschaftsfaktor Umweltschutz, Statistisches Bundesamt, 27.6.2023

Wie das Land kaputtgespart wird

Gespräche Philippa Sigl-Glöckner seit 2020, Stefan Kooths, Tom Krebs, Achim Truger

Hubertus Bardt, Sebastian Dullien, Michael Hüther, Katja Rietzler, Für eine solide Finanzpolitik: Investitionen ermöglichen!, IMK Report 152, 2019

Tom Krebs, Janek Steitz, Öffentliche Finanzbedarfe für Klimainvestitionen im Zeitraum 2021–2030, Forum New Economy 2021

Philippa Sigl-Glöckner, Max Krahe, Pola Schneemelcher, Florian Schuster, Viola Hilbert, Henrika Meyer, Eine neue deutsche Finanzpolitik, Dezernat Zukunft 2021

Henrika Meyer, Philippa Sigl-Glöckner, Ausgaben für die Dekarbonisierung, Dezernat Zukunft 2021

Die fehlenden 580 Milliarden Euro, HB, 9.11.2021

Mit langem Atem, Tagesspiegel, 20.7.2022

Viel Umverteilung, wenig Investitionen, HB, 5.10.2022

Schlechte Noten für Deutschland, HB, 4.11.2022

Fabian Hein, Volle Leistung aus der Energiekrise, Agora Energiewende 2022

Bundesfinanzminister Lindner klammert sich an die Schuldenbremse – ein Fehler, HB, 23.12.2022

Das Ende der neoliberalen Ära, SZ, 19.1.2023

«Ich bin ein Kind des Kalten Kriegs», Spiegel, 18.2.2023

Vorstand fordert «radikalen Kurswechsel», Tagesschau.de, 16.3.2023

Rechnungsprüfer raten zur Zerschlagung der Bahn, HB, 16.3.2023

Lindner dringt auf Sparkurs, SZ, 4.4.2023

Bund will Ausgaben und Neuverschuldung drastisch kürzen, FAZ, 3.7.2023

Millionen gutbezahlte Jobs halten und schaffen

Gespräche Michael Böhmer seit 2021, Bertram Brossardt seit 2015, Sebastian Dullien, Tom Krebs, Monika Schnitzer

Unternehmen wollen weniger investieren, HB, 30.11.2021

Problemfall Investitionen, HB, 11.2.2022

München hofft auf das Krebs-Wunder, Münchner Merkur, 26.2.2023

Svea Junge, Die richtigen Bedingungen für Innovationen, FAZ, 11. April 2022

Alexander Herzog-Stein, Friederike Kotthaus, Ulrike Stein, Arbeits- und Lohnstückkostenentwicklung 2021, IMK Report Nr. 176, Juli 2022

Deutsche Wettbewerbsposition im Maschinenbau, Germany Trade & Invest (GTAI), September 2022

Drei Szenarien für die Zukunft der deutschen Industrie, HB, 19.12.2022

Groß und reich, klein und arm, Spiegel, 14.1.2023

Ohne eigene Chips macht sich Europa erpressbar, SZ, 21.2.2023

Das 215-Milliarden-Projekt, HB, 16.3.2023

Deutschlands Strategieproblem, HB, 6.4.2023

VW verliert Spitzenplatz: Erstmals seit Jahrzehnten ist Volkswagen nicht mehr die Nummer eins in China, HB, 18.4.2023

Der Lehrling wird zum Meister, Spiegel, 29.4.2023

Stagnation bei Innovationen, HB, 2.5.2023

Der deutsche Ausverkauf, FAZ, 4.5.2023

US-Konzerne liegen bei Forschungsausgaben deutlich vor Firmen aus Europa und Asien, E&Y, 4.5.2023

Wie Deutschland seine Auto-Industrie verlor, BlingBling, 5.5.2023

The Chinese challenge for the European automotive industry, Allianz Trade, 9.5.2023

Marina Mazzucato, Vorträge beim Forum New Economy und Initiative Neue soziale Marktwirtschaft, 9.5.2023

Jetzt aber schnell, Autobauer!, FAZ, 28.5.2023

«Deutschland lebt seit Jahren von seiner Substanz», FAZ, 31.5.2023

Die nächste Kulturrevolution, Spiegel, 10.6.2023

Automotive industry unplugged?, Allianz Research, 16.6.2023

Intel bekommt knapp 10 Milliarden, FAZ, 19.6.2023

Investoren auf der Flucht, HB, 28.6.2023

Gross domestic spending on R&D, OECD, 2023

Deutschland wird abgehängt, HB, 11.7.2023

Autobauer spüren Flaute, HB, 16.7.2023

Russland, China: Feindliche Riesen vor den Toren

Gespräche Moritz Schularick, Veronika Grimm, Kai Strittmatter 2023

Der Fischer und der Emir, SZ, 13.11.2001

Roter Teppich für China, Financial Times Deutschland, 7.12.2001

Heinrich August Winkler, Geschichte des Westens, Band 3: Vom Kalten Krieg zum Mauerfall, 3. Auflage, C.H.Beck 2019

Oskar Lafontaine, Ami, it's time to go, Plädoyer für die Selbstbehauptung Europas, Westend Verlag 2022

«Die Demokratie setzt sich immer wieder durch», SZ, 20.4.2022

Francesca Ghiretti, From opportunity to risk: The changing economic security policies vis-à-vis China, Merics, Februar 2023

Gabriel Felbermayr, Jasmin Gröschl und Inga Heiland: Complex Europe:

Quantifying the Cost of Disintegration, EconPol Policy Brief 48, Februar 2023

«Leere Regale made in China: Wenn China beim Handel mauert», Kiel Policy Brief, Institut für Weltwirtschaft, Februar 2023

Deutlich wie nie: Von der Leyen sagt China den Kampf an, SZ, 31.3.2023

EU will China-Investitionen kontrollieren, HB, 31.3.2023

Die Welt ordnet sich neu. China drängt, HB, 5.4.2023

Was gibt das?, SZ, 6.4.2023

Europa muss erwachsen werden, HB, 4.5.2023

Wie Minister Habeck mit seinem Vorstoß alle überraschte, HB, 12.5.2023

Neue Allianzen gegen Deglobalisierung schmieden

Der Countdown nach Cancun, SZ, 22.9.2003

Rekordjagd in Brüssel, SZ, 1.10.2019

Protektionismus bedroht den deutschen Wohlstand, SZ, 10.9.2020

Bundesregierung bangt um Rohstoffe, SZ, 3.1.2023

Raus aus der Rohstoff-Falle, SZ, 31.1.2023

Allianz für Rohstoffe und Rüstung, HB, 20.3.2023

Rettung für den Mercosur-Vertrag, HB, 27.3.2023

Olaf Scholz, Rede bei der Eröffnung der Hannovermesse, 15.4.2023

Wer Rohstoffe will, muss fördern, HB, 2.5.2023

XII. New Paradigm Workshop, Resetting the Economy u.a. mit Katrin Kamin, Dalia Marin, Sebastian Dullien, 8.5.2023

Muskelspiel der Supermächte, HB, 23.5.23

Wissenschaftsplattform Klimaschutz – «Resilienz der Langfriststrategie Deutschlands zum Klimaschutz», Mai 2023

Folgen einer Bi-Polarisierung der Weltwirtschaft, Prognos-Studie für die Vereinigung der Bayerischen Wirtschaft, 31.7.2023

Brics-Gruppe will sich um sechs Mitglieder vergrößern, SZ, 24.8.2023

Wie das Land ins demografische Loch stürzt

Gespräche Bertram Brossardt, Friedrich Esser 2021, Simon Jäger 2022, Janina Kugel 2022, Ulrike Malmendier, Andrea Nahles seit 2017, Detlef Scheele seit 2020, Monika Schnitzer

Kohl wollte offenbar jeden zweiten Türken loswerden, Spiegel Online, 1.8.2013

«Willkommen war ich nicht», SZ, 14.2.2017

Ronald Bachmann, Philipp Jäger, Robin Jessen: «A Split Decision: Welche Auswirkungen hätte die Abschaffung des Ehegattensplittings auf das Arbeitsangebot und die Einkommensverteilung?» RWI Materialien #144, 2021

Gewinner und Verlierer, SZ, 30.4./1./2.5 2021

Corona-Einbruch bei Ausbildungen, SZ, 12.8.2021

Johann Fuchs, Doris Söhnlein und Brigitte Weber, Demografische Entwick-
   lung lässt das Arbeitskräfteangebot stark schrumpfen, IAB-Kurzbericht
   25|2021
Frank-Walter Steinmeier, Rede zum Festakt zum 60. Jahrestag des deutsch-
   türkischen Anwerbeabkommens, 5.10.2021
Demografischen Wandel neu entdecken, Bundesinstitut für Bevölkerungs-
   forschung, Juli 2022
Das Comeback des Jahres, SZ, 30.7.2022
Ein Land der Singles, Senioren und Studierten, SZ, 13.8.2022
Werben statt meckern, SZ, 10.10.2022
«Nicht in Gastarbeiter-2.0-Debatte hängen bleiben», FAZ, 2.12.2022
Schneller einbürgern, schneller arbeiten, SZ, 10.1.2023
Die Personalnot wächst, HB, 13.1.2023
Fachkräftereport, Deutsche Industrie- und Handelskammer (DIHK), 2023
Zwei Mittel gegen den Fachkräftemangel, HB, 7.2.2023
Bernd Fitzenberger, Erwerbszuwanderung aus Drittstaaten könnte und sollte
   gestärkt werden, IAB-Forum, 8.2.2023
«Ich spüre ständig Druck im Nacken», SZ, 12.4.2023
«Deutschland braucht 1,5 Millionen Zuwanderer im Jahr», SZ, 3.7.2023

Das Rentendrama: Abkassiert im Beruf, arm im Alter

«Zahlen müssen die Arbeitnehmer und ihre Arbeitgeber. Heute entrichten
sie für Rente, Gesundheit, Pflege und Arbeitslosigkeit Sozialbeiträge von
40 Prozent des Bruttolohns. Um das Finanzloch zu schließen, müssten
ihre Beiträge ohne Reform schon bis 2035 auf 48 Prozent steigen. Dazu
kommt die Lohnsteuer, bei einem Monatseinkommen von 5000 Euro im
Schnitt 25 Prozent. Drei Viertel des Gehalts für den Staat?»: Ist es hier korrekt, die Sozialbeiträge von Arbeitnehmern und Arbeitgebern zusammen
in Bezug zum Gehalt zu setzen? Ökonomen argumentieren, dass die Sozialbeiträge des Arbeitgebers entgangener Lohn sind: Müsste sie die Firma
nicht zahlen, könnte sie einen höheren Lohn zahlen. Und sind die Sozialbeiträge sehr hoch, verlagert die Firma den Arbeitsplatz womöglich ins
Ausland oder spart ihn ganz ein.

Gespräche Axel Börsch-Supan 2017/2018, Martin Werding seit 2018
Hermann Buslei, Johannes Geyer, Peter Haan, Michael Peters, Ausweitung
   der gesetzlichen Rentenversicherung auf Selbständige: merkliche Effekte
   auch in der mittleren Frist, DIW Wochenbericht 30/2016
Axel Börsch-Supan und Johannes Rausch, Die Kosten der doppelten Halteli-
   nie, ifo Schnelldienst 9 / 2018
Alexander Hagelüken, Lasst uns länger arbeiten, DroemerKnaur 2019
Johannes Geyer, Hermann Buslei, Patricia Gallego-Granados, Peter Haan,
   Anstieg der Altersarmut in Deutschland: Wie wirken verschiedene Ren-
   tenreformen? Deutsches Institut für Wirtschaftsforschung, Bertelsmann-
   Stiftung 2019

Martin Werding, Rente: Nachholfaktor ist zurück – gut so?, Wirtschafts-
dienst, 2022 Heft 1
Renten steigen 2022 deutlich, Deutsche Rentenversicherung, 22.3.2022
Martin Werding, Benjamin Läpple, Finanzrisiken für den Bund durch die de-
mographische Entwicklung in der Sozialversicherung: Reformszenarien.
Studie im Auftrag des Bundesrechnungshofs, Juni 2022
«Das Rentenalter sollte auf 68 steigen», SZ, 11.8.2022
Antwort des Bundesarbeitsministeriums auf eine Anfrage der Partei Die
Linke, Januar 2023
Jeder soll in die Rentenkasse einzahlen, FAZ, 8.2.2023

Deutschland digitaler/Der faule Staat wird offensiv

Der Name der Alleinerziehenden Ella Haug wurde verändert, um ihre Kin-
der und sie vor Diskriminierung zu schützen.
Vernichtende Kritik an den Arbeitsämtern, SZ, 5.2.2002
Mainzer Minister Gerster wird Chef in Nürnberg, SZ, 23.2.2002
Der erste Job nach 17 Jahren, SZ, 5.3.2016
Alexander Hagelüken, Das gespaltene Land, DroemerKnaur 2017
«Armut wird vererbt, das ist die große Misere», SZ, 27.4.2018
Hartz IV wird überschätzt, SZ, 18.6.2018
Neustart in Nürnberg, SZ, 18.7.2019
Arbeitsmarktsituation von langzeitarbeitslosen Menschen, Blickpunkt
Arbeitsmarkt, Bundesagentur für Arbeit, März 2022
Wettlauf der Gehirne, Spiegel, 4.3.2023
«Jobs zu schützen wäre ökonomischer Wahnsinn», Spiegel, 4.3.2023
Wie Europa eine historische Chance wegbürokratisiert, HB, 17.3.2023
Digitalisierung der Verwaltung hierzulande stockt, HB, 30.3.2023
Der Staat muss sich modernisieren, HB, 30.3.2023
«Bildung und berufliche Souveränität», Aktionsrat Bildung, Mai 2023
Stagnation bei Innovationen, HB, 2.5.2023
Behörden wollen Zugang zur Cloud, HB, 3.5.2023
Europas Abhängigkeit wächst, HB, 3.5.2023
Ohne schnelles Internet kann Deutschland einpacken, SZ, 5.5.2023
Wie Deutschland beim 3-D-Druck abgehängt wird, FAZ, 7.5.2023
Kinder in Deutschland können immer schlechter Innenpolitik lesen, SZ, 17.5.
2023
Tomaso Duso, Alexander Schiersch, Cloud-Lösungen können Produktivität
steigern, DIW Wochenbericht 20 2023
Gehaltsvergleich 2022: Neben dem Beruf ist der Bildungsabschluss entschei-
dend, Statistisches Bundesamt, 23.5.2023
OZG-Änderungsgesetz gibt neue Impulse, reicht aber nicht für eine Trend-
umkehr, Nationaler Normenkontrollrat, 24.5.2023
Chat-GPT erfindet ein halbes Dutzend Urteile, SZ, 30.5.2023
Bremst die Telekom den Ausbau des Glasfasernetzes?, HB, 1.6.2023

Kita-Not, Schulkrise – knapp hundert Verbände appellieren an Bundeskanzler, Spiegel Online, 1.6.2023

Benjamin Wallace-Wells, The Long Afterlife of Libertarianism, New Yorker, 5.6.2023

Ludger Wößmann, Vera Freundl, Franziska Pfaehler, Florian Schoner, Sinkendes Leistungsniveau, hohe Chancenungleichheit – Stand und Handlungsoptionen für die deutsche Schulbildung, Wirtschaftsdienst Heft 4 2023

Christina Anger, Julia Betz, Axel Plünnecke, Die Aufgaben der Hochschulen im Transformationsprozess, Institut der deutschen Wirtschaft, Juni 2023

Bildschirm statt Buch, Spiegel, 10.6.2023

«Wir haben uns vieles vermasselt», FAZ, 11.6.2023

Jeder vierte Schulleiter denkt über einen beruflichen Wechsel nach, SZ, 15.6. 2023

Europeans Take a Major Step Toward Regulating A. I., New York Times, 15.6. 2023

13,3 Prozent der Unternehmen in Deutschland nutzen Künstliche Intelligenz, Ifo-Institut, 2.8.2023

Wohlstand für wirklich alle

Gespräche Stefan Bach seit 2014, Markus M. Grabka seit 2009, Sebastian Siegloch 2021

OECD, In it together, 2015

Alexander Hagelüken, Das gespaltene Land, Verlag DroemerKnaur 2017

45 Reichen gehört so viel wie der Hälfte der Deutschen, SZ, 24.1.2018

Markus M. Grabka und Christoph Halbmeier, Vermögensungleichheit in Deutschland bleibt trotz deutlich steigender Nettovermögen anhaltend hoch, DIW Wochenbericht 40/2019

Carsten Schröder, Charlotte Bartels, Konstantin Göbler, Markus M. Grabka und Johannes König, MillionärInnen unter dem Mikroskop: Datenlücke bei sehr hohen Vermögen geschlossen – Konzentration höher als bisher ausgewiesen, DIW Wochenbericht 29/2020

So viel geht in Großstädten vom Gehalt für die Miete drauf, FAZ, 15.6.2021

Was die Wahl für das eigene Konto bedeutet, SZ, 8.7.2021

Wie geht's der Familie?, SZ, 17.7.2021

Wer von der Ampel finanziell profitiert, SZ, 7.12.2021

Stefan Bach, Grunderbe und Vermögensteuern können die Vermögensungleichheit verringern, DIW Wochenbericht 50, 2021

Walther Adler, Thomas Luh, Norbert Schwarz, Entwicklung von Arbeitseinkommen und Lohnquote, Statistisches Bundesamt WISTA, 2022

Dorothee Spannagel, Aline Zucco, WSI Verteilungsbericht, Wirtschafts- und Sozialwissenschaftliches Institut der Hans-Böckler-Stiftung, 2022

So viel verdienen die Dax-Bosse, Spiegel, 28.9.2022

OECD, Taxing Wages, 2022

Geywitz hält Ziel von 400 000 Wohnungen frühestens 2024 für erreichbar,
    Spiegel, 23.1.2023
Der ungerechte Steuerstaat, HB, 7.4.2023
«Wohnungsbauziel der Bundesregierung in weiter Ferne», DIW, Mai 2023
Kritik an Lindner wächst, FAZ, 22.8.2023

Register